最大化与最小化的哲学视野

徐　华◎著

西南交通大学出版社
·成　都·

内容提要 本书认为，最大化与最小化在宇宙、生态、社会中是普遍存在的。作者用最大化与最小化的哲学视野，对宇宙的存在与演化、生物的存在与演化、人类社会的存在与演化进行了一些考察。作者最后主张，在物质生活得到极大丰富的21世纪，人类可以用最大化与最小化的世界观、方法论考察生活、指导生活，选择极简主义生活方式，在物质消耗最小化的同时，实现生活快乐最大化。我们要在消耗最小化、快乐最大化的同时，让我们唯一的地球：物质负担最小化、生态负担最小化、人类健康生活可持续发展最大化。

图书在版编目（CIP）数据

最大化与最小化的哲学视野 / 徐华著. —成都：西南交通大学出版社，2015.6
ISBN 978-7-5643-3980-7

Ⅰ. ①最… Ⅱ. ①徐… Ⅲ. ①哲学 – 研究 Ⅳ. ①B

中国版本图书馆 CIP 数据核字（2015）第 136022 号

最大化与最小化的哲学视野

徐 华 著

责任编辑	杨 勇
封面设计	原谋书装
出版发行	西南交通大学出版社 （四川省成都市金牛区交大路 146 号）
发行部电话	028-87600564 028-87600533
邮政编码	610031
网址	http://www.xnjdcbs.com
印刷	成都蓉军广告印务有限责任公司
成品尺寸	165 mm × 230 mm
印张	14
字数	187 千
版次	2015 年 6 月第 1 版
印次	2015 年 6 月第 1 次
书号	ISBN 978-7-5643-3980-7
定价	45.00 元

目 录

一、最大化问题与最小化问题，是普遍存在的

国庆节休假的一天，我打开家门，遇到了一个邻居。

她说：你好，怎么一个人呀？

我说：国庆节快乐！休假的时候，一个人也很好啊！

她说：一家人，很多人，不是更好啊？

我说：古人讲，“至大无外，谓之大一”，“至小无内，谓之小一”。“大一”是最大的，“小一”是最小的。“大一”可以引导我们以最大化的眼光看问题，“小一”可以引导我们以最小化的眼光看问题。

她说：那怎么看休假问题呢？

我说：我们不仅要享受与家人在一起快乐、与全国人民一起快乐，这是最大化的快乐；还要享受一个人的快乐，这是最小化的快乐。

她说：有意思，快乐在人数方面，还有最大化的快乐和最小化的快乐。受教了，祝你国庆节快乐。

邻居走开了，而我还在继续思考国庆节快乐的最大化与最小化问题。

国庆假日期间，有人选择了远途旅行，这是距离最大化；有人选择了宅家，这是距离最小化。谁比谁更快乐呢？不一定。快乐各有千秋。

国庆假日期间，有人选择了与最多的朋友在一起，这是人数最大化，是众乐乐；有人选择了独处，这是人数最小化，这是独乐乐。谁比谁更快乐呢？不一定。还是快乐各有千秋。

国庆假日期间，有人选择了花钱消费，这是开支最大化，是花钱买乐；有人选择了节支，这是开支最小化。谁比谁更快乐呢？不一定。快乐仍然是各有千秋。

…………

我们用最少的金钱和最小的身体支出，获得最大的节日快乐，是节日快乐的效益最大化；相反，我们用最多的金钱和最大的身体支出，获得最小的节日快乐，是节日快乐的效益最小化。通过这样的思考，我们可以发现，在节日快乐方面，存在一个最大化的视野，也存在一个最小化的视野。

在节日快乐方面，有一些东西，我们是要追求最小化的；而另一些东西，我们是要追求最大化的。我们同时有最大化的思维取向和最小化的思维取向，在哲学上，也就是在世界观和方法论上，我们同时有最大化的哲学视野和最小化的哲学视野。

难道只是在节日快乐方面，我们才有最大化问题和最小化问题吗？不是的，最大化与最小化，与我们生活的方方面面，都有复杂的关系。我们的世界，我们的社会，我们的思维，总是存在着太多太多的最大化与最小化问题，这些问题总是在左右着我们的生活，左右着我们的思考，左右着我们的视野。

所以，笔者认为，我们花一些时间，来了解和思考最大化与最小化的问题，是很有必要的。由于最大化问题与最小化问题，是普遍存在的，因此，这样的问题，要上升到哲学的层面上来讨论、来思考、来研究。

我们这本书，就是要从哲学的高度，来关注一下最大化与最小化的问题，讲一讲最大化与最小化的哲学视野，给我们的生活和我们的思维，提供一些新的要素。

特别说明：本书写作时，图片和资料主要来自于网络资源。本书选择利用的许多图片，非常符合本书的需要，却找不到原创作者，因此不能每张图片都能够指出出处，本人在此敬请原创者谅解并深表感谢。如有原创人读本书时看到了自己的图片，本人的感激之情随文涌现，滔流不止。

二、最大化、最小化与宇宙大爆炸

从宏观上讲，我们面对的世界，特别是我们的宇宙，是最大的、最广的，所以，我们考察宇宙，要用最大化思维。没有最大化的思维取向，我们不可能从总体上、宏观上考察我们的世界、我们的宇宙。

从微观上讲，我们面对的世界，特别是我们的宇宙，也是最深的、最细的，所以，我们考察宇宙，要用最小化思维。没有最小化的思维取向，我们不可能从细微处、微观上考察我们的世界、我们的宇宙。

我们考察宇宙的存在，最大化的思维取向、最小化的思维取向，要结合起来用。通过下面的一些分析，我们将会发现：最大化与最小化，作为宇宙的现象，是普遍存在的。

看待宇宙是怎样诞生的，这个问题已经不神秘了。现代的天文学和宇宙学，给了我们很好的答案。让我们从最大化与最小化的思维取向，考察人们是如何思考宇宙起源问题的。

“大爆炸宇宙论”认为：原始宇宙是一个致密炽热的奇点，于 137 亿年前一次大爆炸后膨胀，逐渐形成我们现在的宇宙。

1929 年，美国天文学家哈勃提出：星系的红移量与星系间的距离成正比，这就是哈勃定律，据此可以推导出宇宙中的所有星系都在互相远离的宇宙膨胀说。

“大爆炸宇宙论”是现代宇宙学中最有影响力的一种学说，主要认为：宇宙曾有一段从热到冷的演化史。在这个时期里，宇宙体系不断膨胀，宇宙物质密度也从密到稀地不断演化，如同一次规模巨大的爆炸。

“大爆炸宇宙论”认为：爆炸之初，物质只能以中子、质子、电子、光子和中微子等基本粒子形态存在。宇宙爆炸之后，不断膨胀，温度和密度

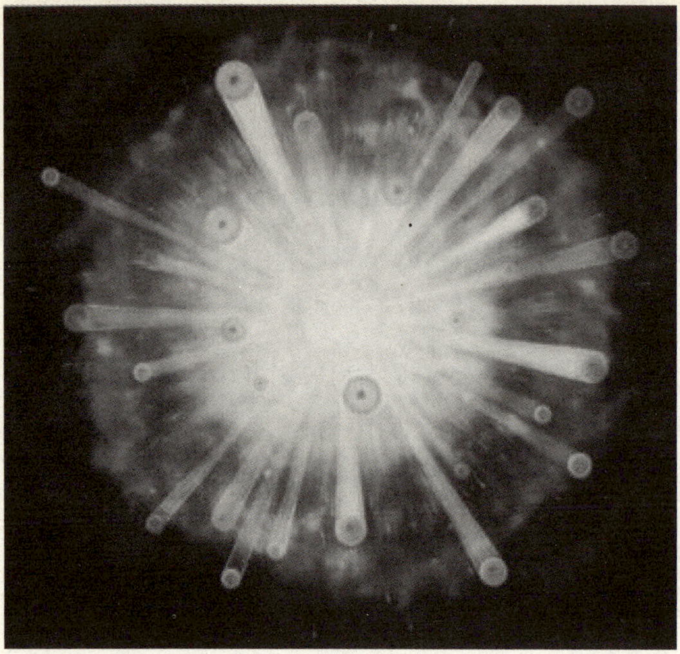

宇宙大爆炸设想图一

很快下降。随着温度降低、冷却，逐步形成原子、原子核、分子，并复合成为通常的气体。气体逐渐凝聚成星云，星云又进一步形成各种各样的恒星和星系，最终形成我们如今所看到的宇宙。

宇宙大爆炸设想图二

宇宙大爆炸设想图三

由此我们可以看出,“大爆炸宇宙论”的一个根本思维就是：我们所知的宇宙的一切物质，都起源于一个奇点。这个奇点是什么呢？就是宇宙空间的最小化的极点，这个极点被认为很小很小，是一个“小一”。可是，这个“小一”不是空洞的“小一”，而是一个充实的“小一”，是包容了我们已知宇宙一切物质的“小一”。这样的“小一”虽然空间最小化了，可是物质的密度却最大化了，物质的各种物理参数也最大化了，也就是物质的矛盾斗争最大化了。于是我们可以这样讲，我们宇宙起源的奇点，在空间最小化的同时，包含了物质密度和各种物理参数的最大化。特别是，此奇点中的各种最大化，必然导致宇宙自我矛盾斗争激烈程度的最大化，从而产生宇宙矛盾斗争的最壮观景象：宇宙大爆炸。

宇宙爆炸是一个什么样的过程呢？是宇宙空间最大化的一个过程。

宇宙大爆炸开始时，只是一个奇点：约 137 亿年前，我们的宇宙只是一个奇点，极小体积，极高密度，极高温度，被称为奇点。也就是我们的宇宙起源于体积最小化、密度最大化、温度最大化的这么一个原始奇点。

宇宙大爆炸设想图四

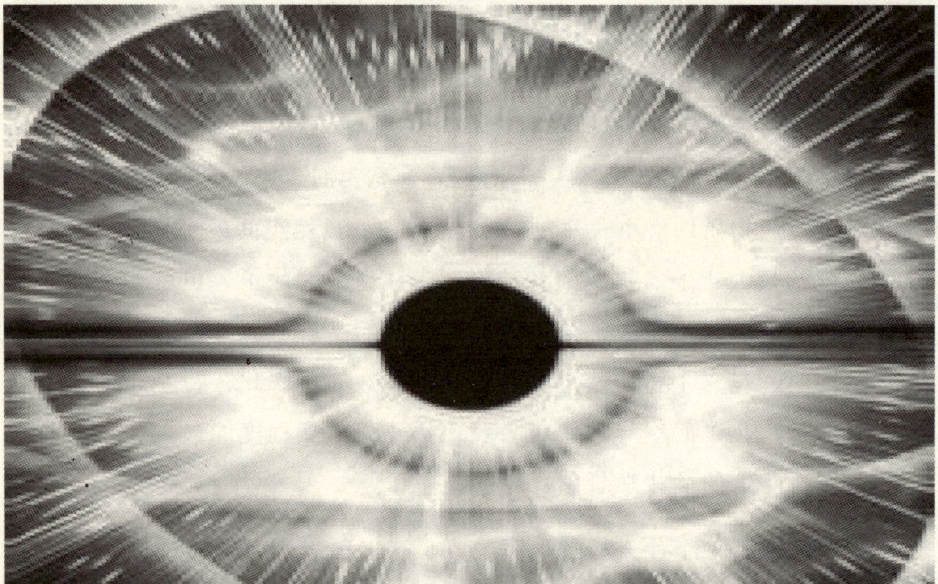

宇宙大爆炸设想图五

这个原始奇点大爆炸后 10^{-43} 秒：宇宙约 10^{32} 摄氏度，我们的宇宙从量子涨落背景出现。要知道，量子是我们宇宙的物质存在最小化的质点。也就是说，我们宇宙最大化的爆炸，首先创造的是最小化的物质。

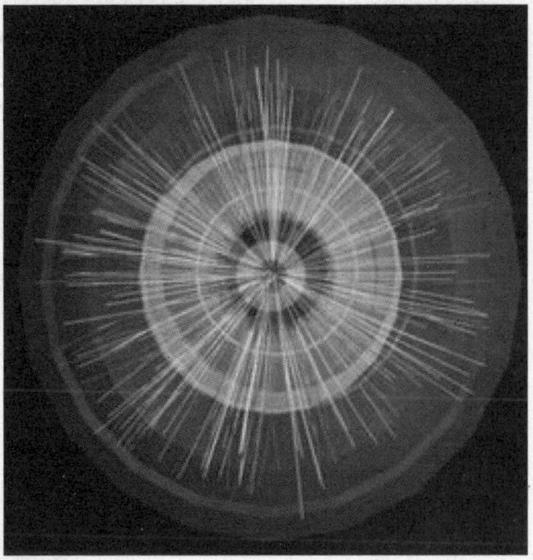

科学家用粒子碰撞重现宇宙大爆炸壮观景象（图）

这个原始奇点大爆炸后 10^{-35} 秒：宇宙约 10^{27} 摄氏度，我们的宇宙开始引力分离，夸克、波色子、轻子形成。夸克、波色子、轻子是我们已知的物质结构的最小化的存在。

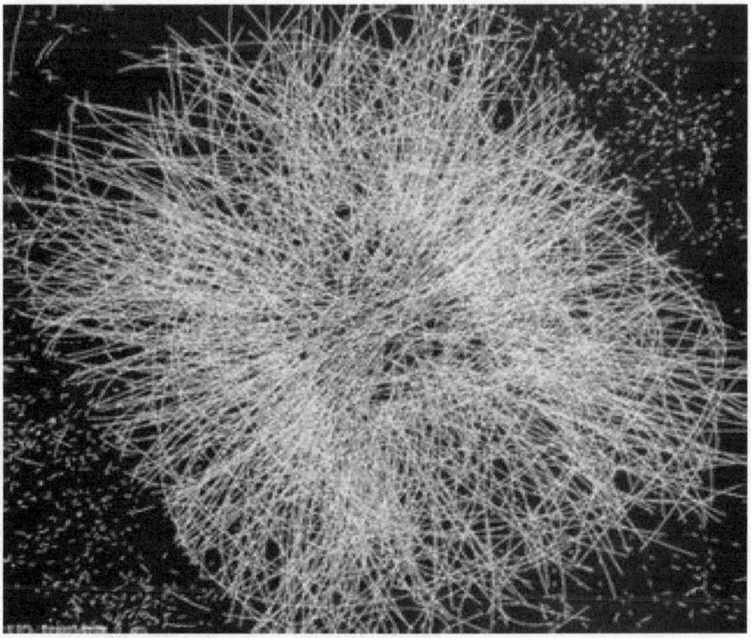

微粒碰撞重现宇宙大爆炸（图）

这个原始奇点大爆炸后 5^{-10} 秒：宇宙约 10^{15} 摄氏度，我们的宇宙开始形成质子和中子。质子和中子，是我们已知的物质实体的最小化的存在。

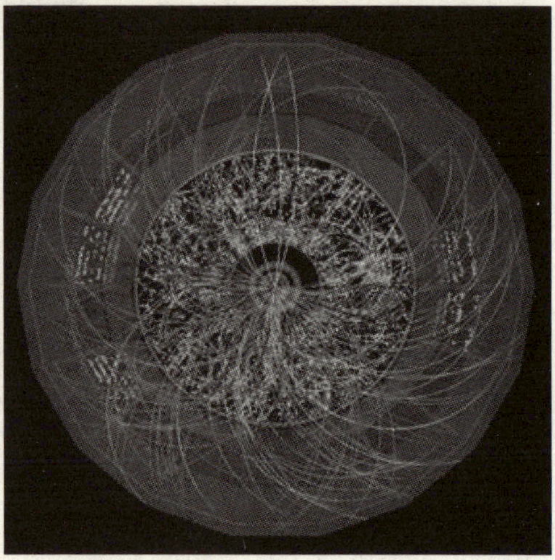

大型强子对撞机内的
宇宙大爆炸实验（图）

这个原始奇点大爆炸后 0.01 秒：宇宙约 1 000 亿摄氏度，我们的宇宙以光子、电子、中微子为主，质子、中子仅占 10 亿分之一，热平衡态，我们的宇宙体系急剧膨胀，宇宙的温度和密度不断下降。我们的宇宙继续向空间最大化、温度和密度最小化演变。

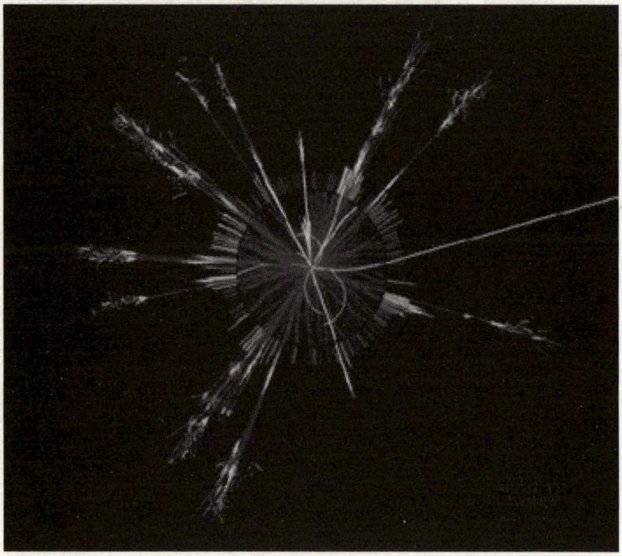

模拟微型宇宙大爆炸（图）

这个原始奇点大爆炸后0.1秒后：宇宙约300亿摄氏度，我们的宇宙中子与质子之比从1.0下降到0.61。这可以看作是我们的宇宙达到了中子与质子之比的稳定度的最大化。

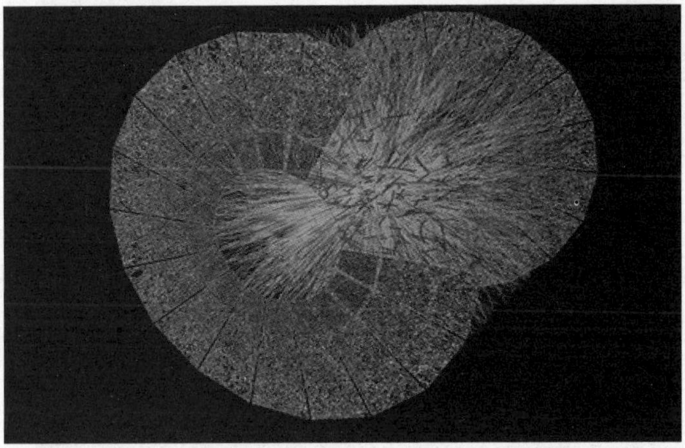

科学家用微粒碰撞重现宇宙大爆炸壮观景象（图）

这个原始奇点大爆炸后1秒后：宇宙约100亿摄氏度，中微子向外逃逸，正负电子湮没反应出现，我们的宇宙核力还不足以束缚住中子和质子。由此，我们的宇宙的中微子达到了自由度的最大化。

宇宙大爆炸（科幻图）

这个原始奇点大爆炸后13.8秒后：宇宙约30亿摄氏度，我们的宇宙开始形成氢、氦类稳定的原子核。我们的宇宙最小化的实体物质存在，开始向稳定度最大化的实体物质存在进化。

宇宙大爆炸（想象图）

这个原始奇点大爆炸后35分钟后：宇宙约3亿摄氏度，我们的宇宙原初核反应过程停止，但还不能形成中性原子。我们的宇宙原始状态的最大化过程结束。

宇宙在大爆炸中形成(图)

这个原始奇点大爆炸后30万年后：宇宙约3 000摄氏度，中性原子形成，我们的宇宙主要成分演变为气态物质，并逐步在自身引力作用下凝聚成密度较高的气体云块，直至形成恒星、星系和星系团。我们的宇宙大爆炸又在空间范围最大化的程度上继续进行，继续向空间最大化、温度和密度最小化演变。如此这般，我们的宇宙最后会不会虚空而冻结呢？

三、最大化、最小化与宇宙中的黑洞

现代宇宙学中，有黑洞理论和白洞理论。黑洞与白洞，是我们的宇宙两种极端的物质存在。我们可以从最大化与最小化的思维取向上，考察宇宙的黑洞与白洞。我们先来讲讲最大化、最小化与宇宙中的黑洞。

先让我们来看看人们关于黑洞的几张图片，这些图片来自网络资料。

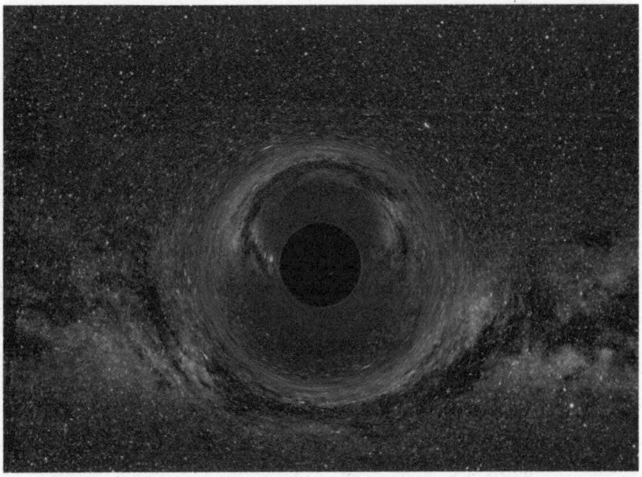

黑洞图片一

黑洞图片二

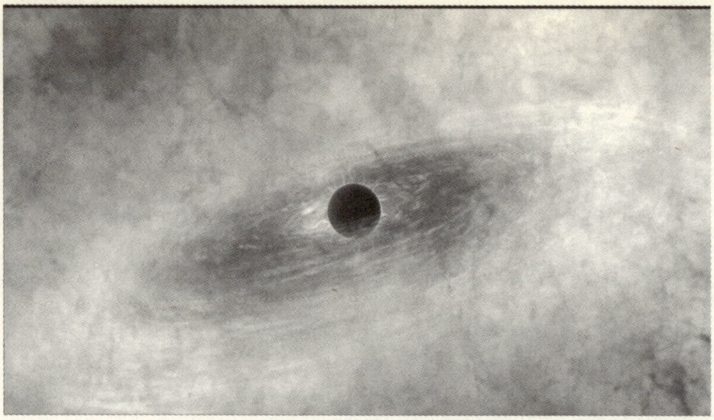

黑洞图片三

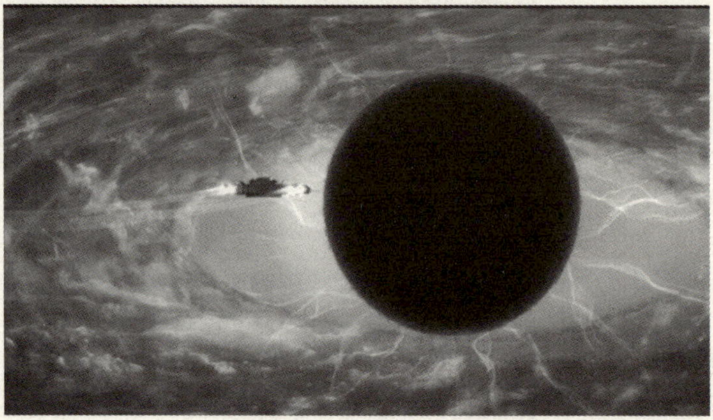

黑洞图片四

黑洞图片五

黑洞图片六

黑洞图片七

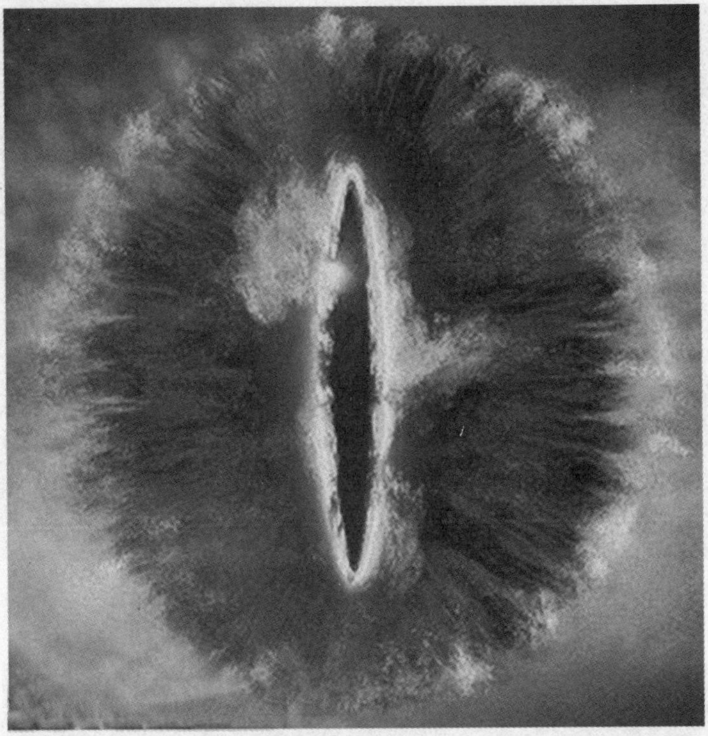

黑洞图片八

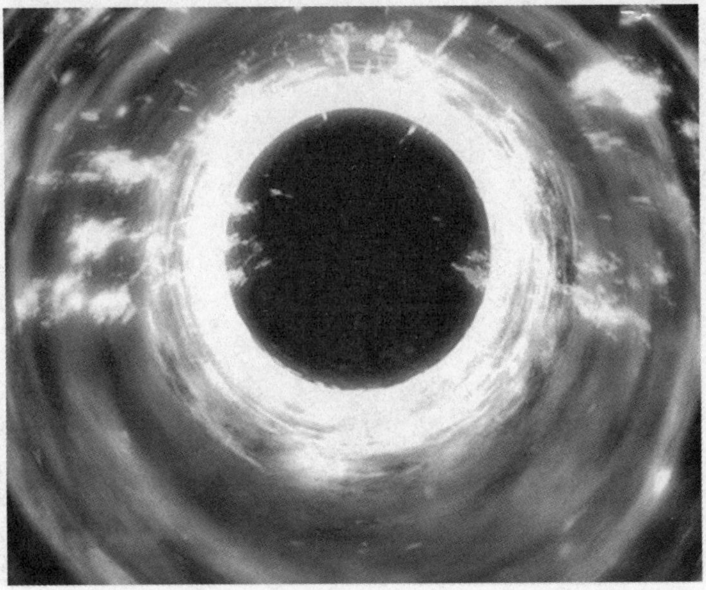

黑洞图片九

黑洞图片十

黑洞图片十一

黑洞图片十二

黑洞图片十三

在欣赏着黑洞图片的同时，我们谈谈黑洞的最大化与最小化问题。

黑洞是什么？黑洞的英文是 Black hole。黑洞是现代广义相对论中，宇宙空间内存在的一种超高密度天体，由于类似热力学上它是完全不反射光线的黑体，故名为黑洞。其实，黑洞就是宇宙物质“黑的最大化”。

黑洞图片十四

有人说，黑洞是时空曲率大到光都无法从其视界逃脱的天体。根据这一说法，黑洞是我们的宇宙黑体的最大化、宇宙时空曲率的最大化。

现代黑洞理论往往认为：黑洞是由质量很大的恒星在核聚变反应的燃料耗尽后，发生引力坍缩产生的。这说明，黑洞可以说恒星核聚变反应最大化之后的一个直接产物，也是大质量恒星寿命最大化的终结点。

黑洞图片十五

大质量恒星产生的黑洞，质量极其巨大，而体积却十分微小，它产生的引力场极为强劲，以至于任何物质和辐射进入到黑洞内，便再无力逃脱，甚至目前已知的传播速度最快的光（电磁波）也逃逸不出。这样的黑洞质量最大化，体积最小化，密度最大化，引力最大化，黑度最大化，这样的黑洞是极“黑”的，吞噬自己身边的一切，连光线也不放过。

黑洞图片十六

阿尔伯特·爱因斯坦的相对论告诉我们，当一颗垂死恒星崩溃时，将聚集成一点，将成为黑洞，吞噬邻近宇宙区域的所有光线和任何物质。黑洞的中心，是一个密度无限大、时空曲率无限高、体积无限小的奇点，其周围必然存在一部分空空如也的天区，而且这个天区范围是不可见的，类似一个黑洞。在这个天区范围内，时空曲率最大化，周围部分区域宇宙物质密度最小化，物质落入黑洞中心速度最大化，黑洞中心的宇宙物质破碎程度最大化、密度最大化。

黑洞图片十七

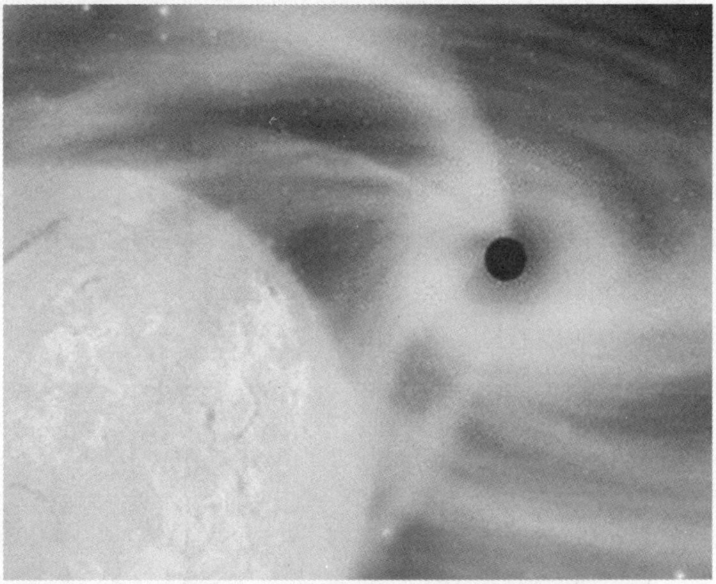
黑洞图片十八

黑洞图片十九

为什么黑洞中心的宇宙物质破碎程度会最大化呢?

黑洞的产生，类似于中子星的产生。

一个普通恒星在灭亡时，核心在自身引力的作用下迅速地收缩、塌陷，一方面体积在最小化，另一方面引力又在最大化，达到某个结点后，就发生强力爆炸，而且是生命中的最后一次最大化的大爆炸。最大化的大爆炸之后，所有的物质又向核心收缩、塌陷，当核心中所有的物质都变成中子时，收缩过程立即停止，被压缩成一个密实的星体，同时也压缩了内部的空间和时间。中子星就是恒星作为物质实体体积的最小化、实在程度的最大化，是恒星时空曲率的最大化。

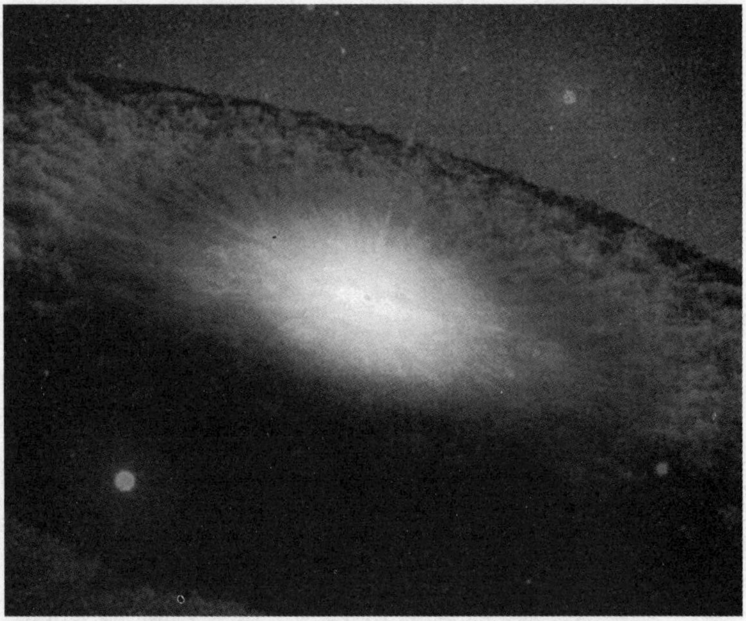

黑洞图片二十

大质量恒星的情况会有所不同，由于大质量恒星核心的质量大到使收缩过程无休止地进行下去，也就是体积最小化、引力最大化、密度最大化会无休止地进行下去，最后中子也被碾为粉末，物质密度高到难以想象。

这样的过程，出现了一个宇宙的奇特现象：宇宙物质粒度最小化，也就是说在黑洞中，物质粒度可以小到不可思议的程度，而且宇宙物质粒度最小化的进程有可能是无止境的。

四、最大化、最小化与黑洞炸弹

宇宙大爆炸的过程，让我们的宇宙越来越大，是我们的宇宙空间最大化的过程。宇宙空间最大化的过程，导致宇宙时空曲率最小化。这是一个无止境的最小化过程。

黑洞形成的过程，让我们的恒星越来越小，是恒星空间最小化的过程。恒星走向黑洞的过程，导致恒星的中心天区时空曲率最大化。这是一个无止境的最大化过程。

一个大质量恒星都可以形成一个黑洞，那我们的宇宙所有的物质集中到一个奇点，当然就是黑洞的最大化，是最大化的黑洞。让我们神奇的是，这样的超级黑洞，居然会爆炸，而且是最大的爆炸。

这样思考下去，我们自然就有这样的结论：在宇宙中，黑洞是可以爆炸的。

黑洞是超级的宇宙物质存在，一旦爆炸，也肯定是可怕的超级爆炸。逻辑上，黑洞爆炸具有最大化的毁灭性。

2005 年 3 月，美国布朗大学物理教授霍拉蒂·纳斯塔西，在地球上制造出了第一个“人造黑洞”。美国纽约布鲁克海文实验室 1998 年建造了 20 世纪全球最大的粒子加速器，将金离子以接近光速对撞而制造出高密度物质。虽然这个黑洞体积很小，却具备真正黑洞的许多特点。纽约布鲁克海文国家实验室里的粒子碰撞机，以接近光速的速度把大型原子的核子（如金原子核子）相互碰撞，产生相当于太阳表面温度 3 亿倍的热能，利用原子撞击原理制造出来的灼热火球，具备天体黑洞的显著特性。人造黑洞，产生于速度最大化的大型原子核的碰撞。没有速度最大化的大型原子核的碰撞，就没有人造黑洞的产生。

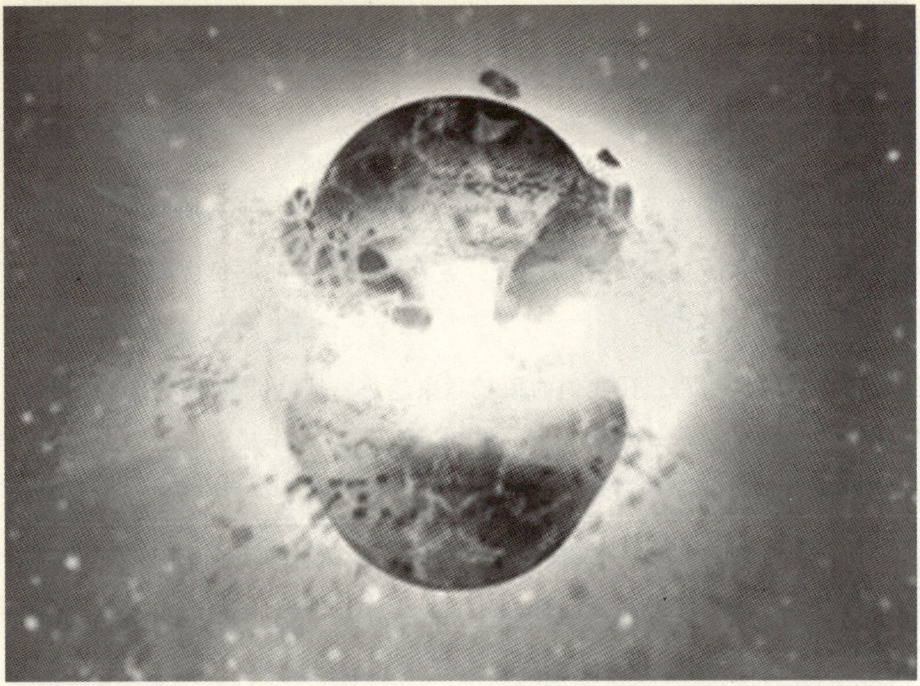

黑洞爆炸引发致命辐射想象图

世界最大正负电子对撞机落成

北京正负电子对撞机

正负电子对撞机

中国改革开放 30 年：正负电子对撞机首次对撞成功

2009 年 10 月 15 日，《科学》杂志宣布，世界上第一个“可吸收电磁波的微波人造黑洞”，在中国东南大学实验室里诞生。这个小型“黑洞”不会爆炸，不会毁灭世界，能帮助人们更好地吸收太阳能，除此之外，它并不能吸收任何实质的东西。这个“人工黑洞”，实际上只是一个模拟装置，可以用来吸收微波频段的电磁波，在未来，它还可以吸收光，“人造黑洞”将比世界上任何一种太阳能电池板都更高效。

世界第一个“人造黑洞”在中国东南大学实验室里诞生

俄罗斯有科学家的预言：黑洞不仅可以在实验室中制造出来，而且具有巨大能量的“炸弹”将使人类已有的“原子弹”也相形见绌。俄罗斯科学家亚力克山大·特罗菲蒙科认为，能吞噬万物的真正宇宙黑洞也完全可以通过实验室“制造出来”：一个原子核大小的黑洞，它的能量将超过一家核工厂。如果人类有一天真的制造出黑洞炸弹，那么一颗黑洞炸弹爆炸后产生的能量，将相当于数颗原子弹同时爆炸，它至少可以造成10亿人死亡。

那么，怎样从最大化与最小化的思维取向来看黑洞炸弹呢？

黑洞炸弹的爆炸威力最大化，超过现有的原子弹、氢弹的爆炸威力不知多少倍。

黑洞爆炸想象图之一

黑洞炸弹的杀伤威力最大化，超过现有的原子弹、氢弹的杀伤威力不知多少倍。

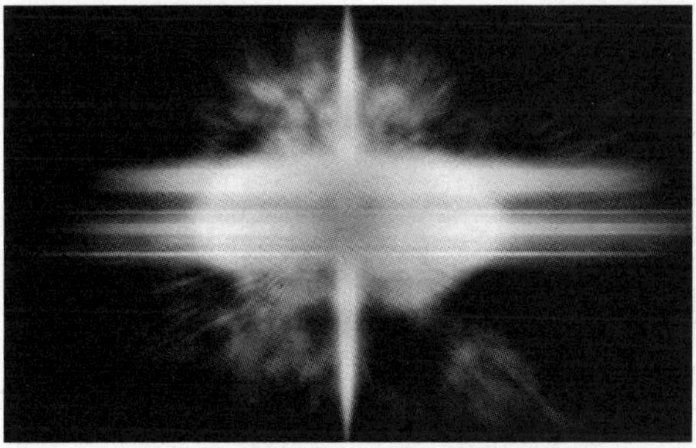

黑洞爆炸想象图之二

黑洞炸弹的威慑威力最大化，超过现有的原子弹、氢弹的威慑威力不知多少倍。

黑洞爆炸想象图之三

黑洞炸弹的保管难度最大化，超过现有的原子弹、氢弹的保管难度不知多少倍。

黑洞爆炸想象图之四

黑洞炸弹的恐怖效应最大化，超过现有的原子弹、氢弹的恐怖效应不知多少倍。

黑洞爆炸想象图之五

黑洞炸弹的保密程度最大化，超过现有的原子弹、氢弹的保密程度不知多少倍。

黑洞爆炸想象图之六

黑洞炸弹的事实数量最大化，超过现有的原子弹、氢弹的事实数量不知多少倍。

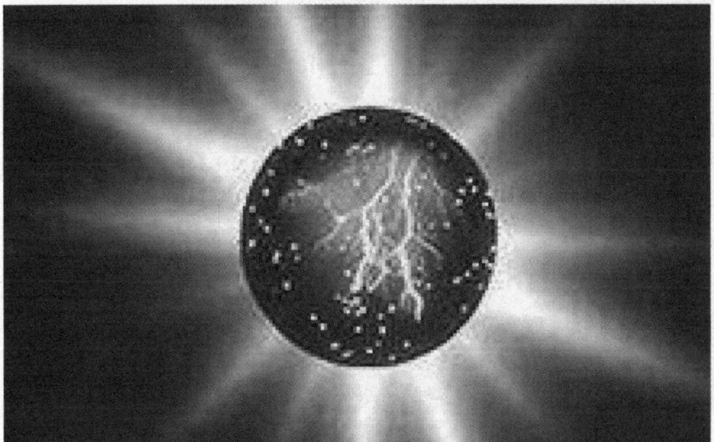

黑洞爆炸可以小如原子核图一

黑洞炸弹的实体体积最小化，小于现有的原子弹、氢弹的实体体积不知多少倍。

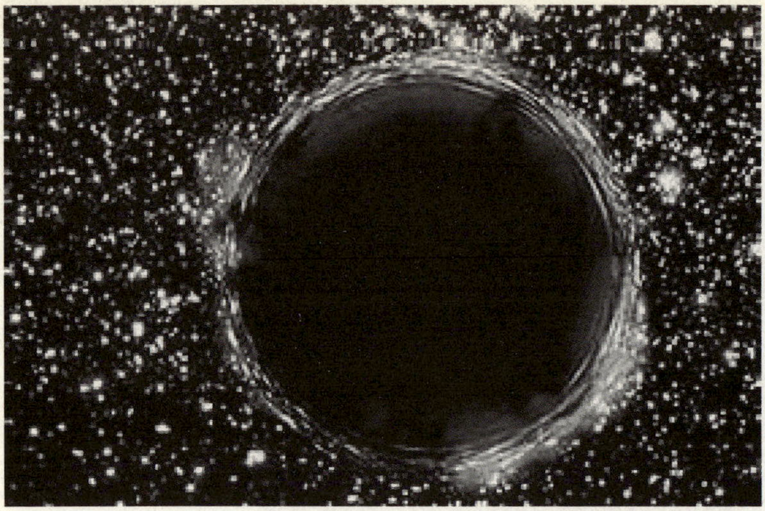

黑洞爆炸可以小如原子核图二

黑洞炸弹的实战效应最大化，人类生存概率最小化。

黑洞爆炸在天地之间

如此这般，我们人类真的需要“黑洞炸弹”吗？肯定不需要。如果有黑洞炸弹，其必然是人类拥有的体积最小化、威力最大化炸弹。只有疯子才会让我们人类毁于小小的黑洞炸弹。

五、最大化、最小化与宇宙中的白洞

在我们的宇宙中，可能有一种性质正好与黑洞相反的特殊天体，这就是白洞。白洞目前还仅是一种理论模型，尚未被观测所证实。

根据白洞理论，我们可以知道，白洞与黑洞相似，也有一个封闭的边界。聚集在白洞内的物质，只可以经边界向外运动，而不能反向运动。白洞是我们的宇宙中的喷射源，白洞可以向外部区域提供物质和能量，但不能吸收外部区域的任何物质和辐射，因此白洞是一个只发射、不吸收的特殊天体。由此可见，白洞是一种喷射强度最大化的宇宙天体。

宇宙中喷发的白洞

现代白洞理论告诉我们，白洞是一个强引力源，其外部引力性质均与黑洞相同，白洞可以把它周围的物质吸积到边界上形成物质圈。

根据白洞理论，有人认为：类星体的核心可能就是一个白洞。当白洞内超密态物质向外喷射时，就会同它周围的物质发生猛烈的碰撞，从而释放出巨大能量。我们可以由此推断，有些 X 射线、宇宙线、射电爆发、射电双源等现象，可能与白洞的这种效应有关。这些射线，都是我们的宇宙能量最大化的射线。很显然，宇宙最大化的喷射，造就能量最大化的射线，是很自然的宇宙现象。

星系中可能存在的白洞

白洞理想立体图

白洞与黑洞之间，有着明显的联系，我们可以把白洞看成是黑洞的时间反演。在我们的宇宙中，一个大质量的球形天体，半径收缩到引力半径以内，就会一直收缩下去，最后落到中心奇点上，就形成黑洞。黑洞是天体体积最小化到极点的结果。而如果黑洞中心奇点的物质，其体积不再最小化，开始时向外膨胀，中心奇点周围的高密态物质向外喷射，白洞就形成了。要造就白洞的一个条件是：黑洞的中心奇点物质体积不再最小化，也就是最小化结束，开始物质体积最大化；物质密度最大化结束，物质密度最小化开始。这样，黑洞就在实质上转化为白洞。

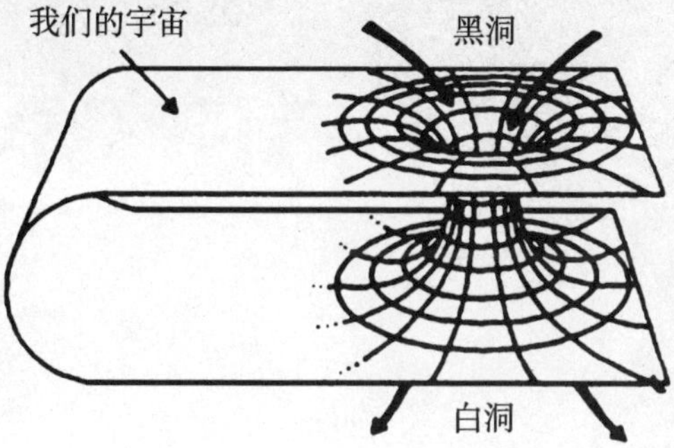

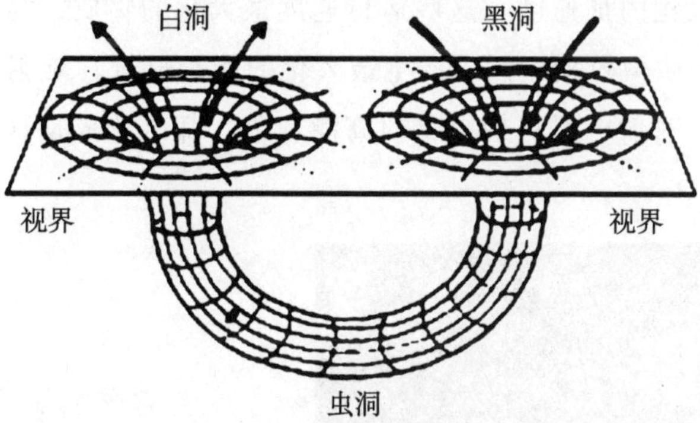

白洞内中心奇点的物质是最小化的，可能最小化到各种基本粒子，可能连引力子都有。在黑洞向白洞转化的过程中，这些粒子在某个界点可以处于某种平衡态。随着中心奇点体积最大化的开始，物质密度开始最小化，当达到某一阶段时，就可能引起核子-反核子对的复合、超子衰变、介子衰变等，并将各种高能粒子、光子、中微子发射出来。

白洞喷射出来的粒子，连续地注入到白洞周围的介质中，可以引起次级发射。白洞让在黑洞中最小化了的宇宙物质，向最大化的方向反演。

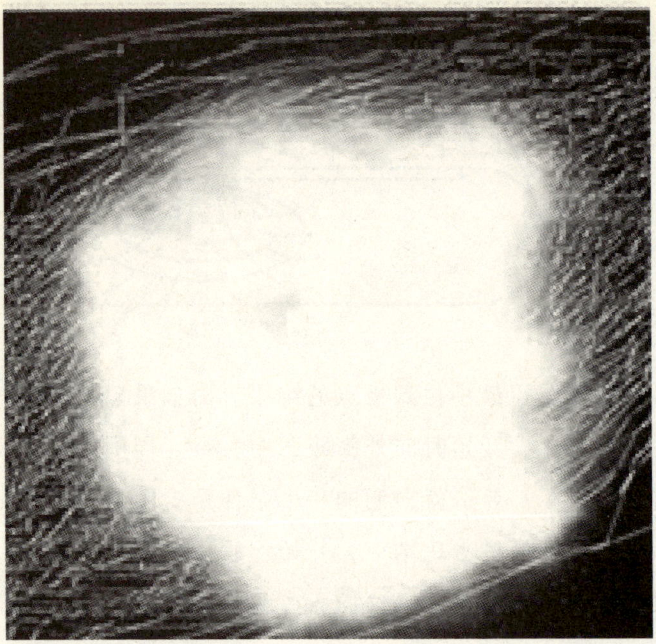

纯白白洞想象图

白洞周围具有很强的引力场，能够把附近的尘埃、气体和辐射吸引到自己的边界上来，产生最大化的加速度。这些运行速度最大化的物质，与从白洞内高速向外喷射的物质微粒相碰撞，产生最大化的能量辐射。X 射线、宇宙射线、射电爆发、双射电源等最大化的高能现象，都可看成是这样的结果。

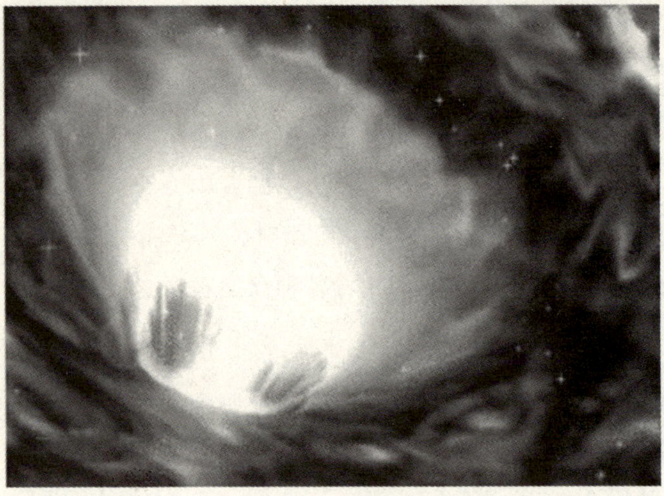

白洞与周边图

白洞不吸收外部物质，不断地向外围喷射各种宇宙物质和宇宙能量，是我们的宇宙中的喷射源。白洞就是时间呈现反转的黑洞，进入黑洞的宇宙物质和宇宙能量，最后都会从白洞出来，出现在另外一个宇宙，或出现在我们的宇宙。白洞与黑洞是完全相反的，连光也会被排斥掉，呈现为白色，所以叫作白洞。

宇宙中的白洞

白洞有一个封闭的边界，聚集在白洞内部的物质，只可以向外运动，而不能向内部运动。也就是说，白洞的物质与能量，总体上只会最大化，不会最小化，具体点表现就是：白洞只向外部区域喷射物质和能量，不吸收外部区域的任何物质和能量。

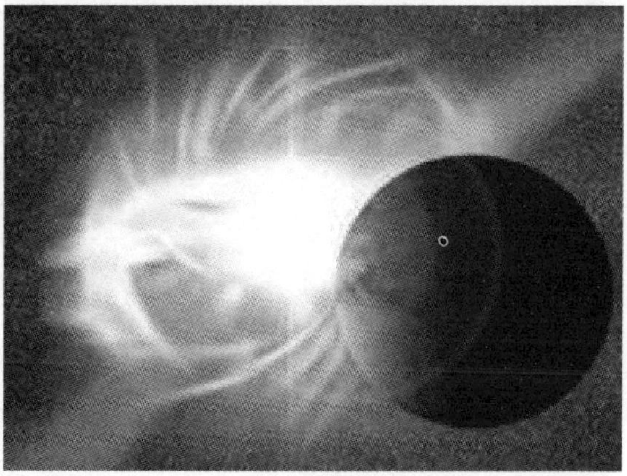

宇宙中的白洞真的很白

白洞和黑洞都有一个封闭的“视界”。不过白洞“视界”的时空曲率是负无穷大的，也就是说，白洞时空曲率最大化的方向是负无穷大。这样，白洞对外界的斥力最大化达到无穷大，即使是光不可能进入白洞一步。

白洞排斥光线想象图

白洞其实就是黑洞的反演，黑洞密度最大化，白洞密度则最小化；黑洞体积最小化，白洞体积则最大化。黑洞与白洞之间有三维以上的通道，宇宙物质从黑洞里面进去，又从白洞里面出来。宇宙物质从黑洞那边被吸进去时有最大化的速度，从白洞里喷发出来也有最大化的速度，它们的速度可以是相等的。黑洞作为宇宙物质体积最小化的终极，必然导致宇宙物质体积最大化的一个起点，这就是白洞。

白洞理论上可以照亮星系

当我们的宇宙体积最大化的时候，就是一个最大的白洞；当我们的宇宙体积最小化的时候，就是一个最大的黑洞。我们的宇宙，其实就是在黑洞与白洞之间不断转换的物质实体。同时我们的宇宙，又在其中创造着各种大大小小不同的黑洞与白洞，让我们的宇宙的各种各样的最大化与最小化现象，更加多姿多彩。

六、最大化、最小化与银河系

银河系是我们的太阳系所在的星系，其中有 1 000 亿～4 000 亿颗恒星，有大量的星团、星云，还有各种类型的星际气体和星际尘埃。银河系的直径约为 100 000 光年，中心厚度约为 12 000 光年。银河系可见物质总质量是太阳质量的大约 1 400 亿倍。实际上，银河系是与我们距离最小化的宇宙岛，是与我们距离最小化的星系，因为我们就身在其中。

身在地球看银河一

身在地球看银河二

身在地球看银河三

身在地球看银河四

银河系的物质密集部分组成一个圆盘，称为银盘。银盘中心隆起的球状部分，称为核球。核球中心有一个很小的致密区，称为银核。银盘外面范围更大、近于球状分布的系统，称为银晕。从银晕到银盘，从银盘到核球，从核球到银核，银河系的物质密度在最大化。相反，从银核到核球，从核球到银盘，从银盘到银晕，银河系的物质密度在最小化。

银河之外看银河一

银河之外看银河二

银河之外看银河三

银河之外看银河四

由于有大量的伽马射线从银河系中央射出，史蒂芬·霍金曾经声称自己的观测表明：银河系中心是一个巨大的黑洞。这就是说，银心是银河系物质密度最大化的终结。因而，银心必然有最大化的引力，控制整个银河系。

银心亮度最大化

银盘是银河系的主要组成部分，在银河系中可探测到的物质中，有九成都在银盘范围以内。银盘以轴对称形式分布于银心周围，其中心厚度约 1 万光年，不过这是微微凸起的核球的厚度，银盘本身的厚度只有 2 000 光年，直径近 10 万光年，从总体上说银盘非常薄。银心是最小化过程中的球体，银盘是最小化过程中的盘体。盘体最小化的终结是球体，因此，假如银河系有一个终结的话，是走向一个球状的物质实体，即走向一个实在的物质密度最大化的黑洞。

银心密度最大化

银晕弥散在银盘周围，直径约为 98 000 光年，这里恒星的密度最小化，同时还分布着一些由老年恒星组成的球状星团，这些星团的年龄最大化，有的接近我们的宇宙年龄。银晕中最亮的成员是球状星团。

典型的球状星团

在银晕外面还存在着一个巨大的呈球状的射电辐射区，称为银冕，银冕至少延伸到距银心 32 万光年远。银冕是银河系物质密度最小化的边缘，也是银心引力控制强度最小化的边缘，超出此范围，就不再是银河系了。

银河系与周边

银河系以外的物质，银心的重力约束作用最小化到几乎为零。

七、最大化、最小化与太阳系

太阳系是银河系的一部分，是银河系较典型的一颗恒星，距离银河系中心大约 2.5 万～2.8 万光年。太阳系绕银心移动速度约 220 千米/秒，每 2.26 亿年绕银心运转一圈。

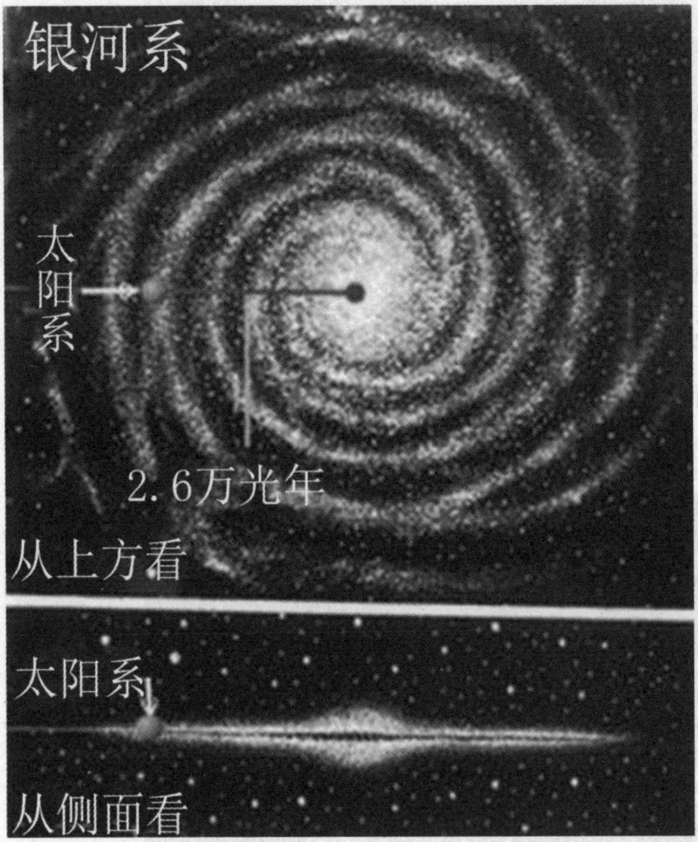

从最小化的视野来看，太阳系只是银河系中数千亿恒星之中的普通一员；从最大化角度来看，太阳系是包容万象的具有无限内容的星系。

在我们的宇宙中，我们抬头看得见的体积最大化、亮度最大化的天体，就是太阳。

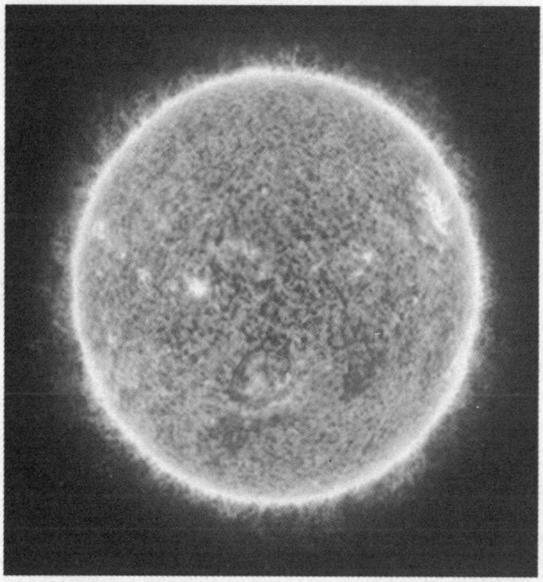

我们的太阳

太阳系是以太阳为中心，以及所有受到太阳的重力约束天体的集合体。

太阳系之九星连珠

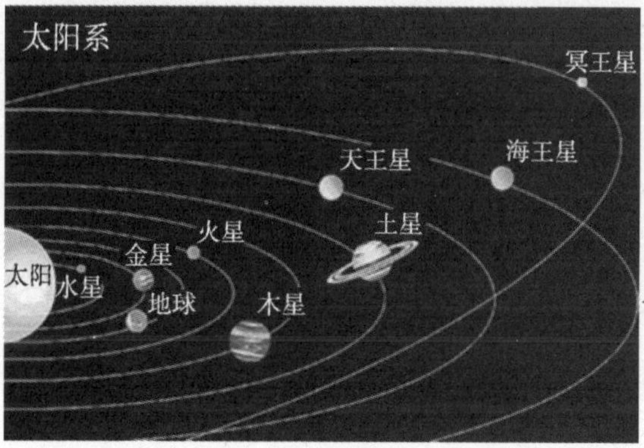

太阳系之结构示意图

太阳系以太阳为引力中心，从太阳中心到太阳系边缘，太阳系引力约束最小化；相反，从太阳系边缘到太阳系中心，太阳系引力约束最小化。

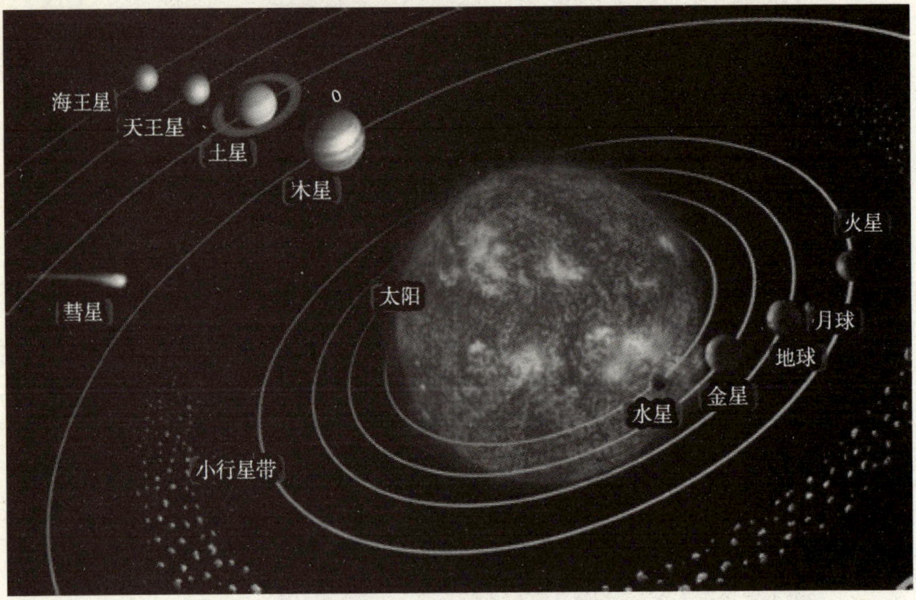

太阳系中的天体示意图

从太阳中心到太阳系边缘，行星运行速度最小化、运行周期最大化；相反，从太阳系边缘到太阳系中心，行星运行速度最大化、运行周期最小化。

所有的彗星接近太阳的过程，是速度最大化的过程；所有的彗星远离太阳的过程，是速度最小化的过程。

太阳与八大行星数据表（顺序以距离太阳由近而远排列）

项目	赤道半径	偏率度	赤道重力	体积	质量	比重	轨道半径	轨道倾角	赤道倾角	公转周期	自转周期	已知卫星
单位/比值	km		地球比值	地球比值	地球比值	地球比值	地球比值	度	度	地球天/年	地球天	
太阳	696 000	0.00	28.01	1 304 000	333 400	1.44	—	—	7.25	2.26×10^{8} 年	25.38 天/37.01 天	—
水星	2 440	0.00	0.38	0.056	0.055	5.43	0.387	7.005	~0	88 天	59 天	0
金星	6 052	0.00	0.91	0.857	0.815	5.24	0.723	3.395	177.4	225 天	243 天	0
地球	6 378	0.003	1.00	1.00	1.000	5.52	1.000	0.000	23.44	365 天	24 h	1
火星	3 397	0.005	0.38	0.151	0.107	3.93	1.523	1.850	25.19	687 天	24 h37 m	2
木星	71 492	0.065	2.48	1 321	317.832	1.33	5.202	1.303	3.08	11.86 年	9 h50 m	63
土星	60 268	0.107	0.94	755	95.16	0.69	9.554	2.489	26.7	29.46 年	10 h4 m	60
天王星	25 559	0.023	0.89	63	14.54	1.27	19.22	0.773	97.9	84.01 年	24 h	27
海王星	24 764	0.017	1.11	58	17.15	1.64	30.11	1.770	27.8	164.82 年	16 h6 m	13

卫星数截至 2006 年 5 月，距离与轨道半径以 1 天文单位（AU）为单位。

八、最大化、最小化与我们的太阳

我们的太阳，是太阳系中唯一的恒星，是太阳系中唯一发光的天体。

我们的太阳，是我们的肉眼所能见到的亮度最大化的极致的天体、是我们的肉眼所能见到的亮度最大化到极致的星星，是我们的肉眼所能见到的色彩变化最大化的天体。

我们的太阳，是太阳系的中心天体，太阳系质量的99.86%都集中在太阳，是太阳系中质量最大化的天体，从而也是太阳系中主宰力量最大化的天体。

太阳系中的大行星、小行星、流星、彗星、外海王星天体以及星际尘埃等，都围绕着我们的太阳运行、公转。同时，我们的太阳也围绕着银河系的中心运行、公转。

我们的太阳是一颗恒星，它几乎是热等离子体与磁场交织着的一个理想球体。也就是说，我们的太阳是太阳系中热等离子体的最大化、磁场强度的最大化。

火热的太阳

太阳直径大约是 1 392 000（1.392×10^6）千米，相当于地球直径的 109 倍；体积大约是地球的 130 万倍；其质量大约是 2×10^{30} 千克（地球的 330 000 倍）。实际上，我们的太阳比太阳系中的其他任何天体都要大得多得多，是太阳系中质量最大化的天体。

现在，我们的太阳质量的大约 3/4 是氢，剩下的几乎都是氦，氧、碳、氖、铁和其他的重元素质量少于 2%。也就是说，我们的太阳，活跃度最大化的元素最多，活跃度最小化的元素最少，这保证了我们的太阳现在还处于活跃度最大化的时期。

2011 年 2 月 17 日太阳爆发近四年最强耀斑

我们的太阳，在银河系中只是一颗普通的黄矮星，寿命最大化为 100 亿岁左右，目前大约 45.7 亿岁。目前的太阳，正直壮年时期，是恒星稳定度最大化时期。

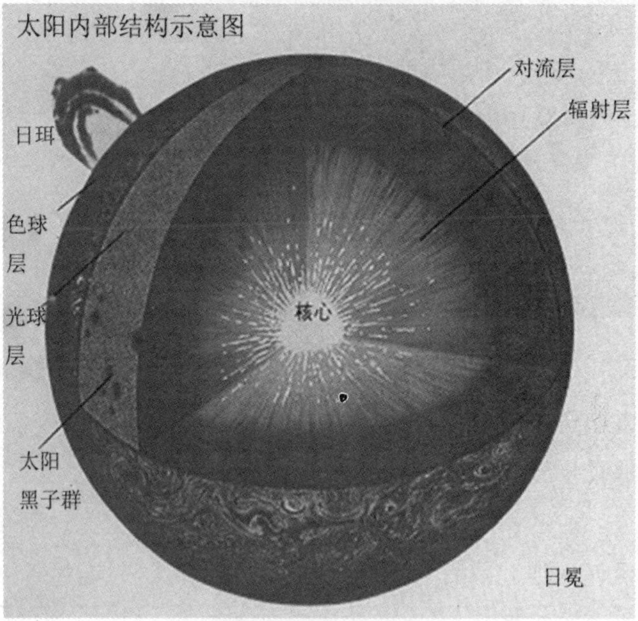

这 100 亿年的岁月，是我们的太阳进行氢的热核反应的时期，也就是太阳的氢元素含量最小化、氦元素含量最大化的岁月。大约 50 亿至 60 亿年之后，我们的太阳内部的氢元素几乎会全部消耗尽，达到氢元素含量最小化的终点，太阳规模最大化的氢热核反应也随之结束。太阳内部的热核反应，实际上就是核子的最大化。在太阳系中，氢的热核聚变，只有在温度、压力最大化的太阳中心才能自然发生。

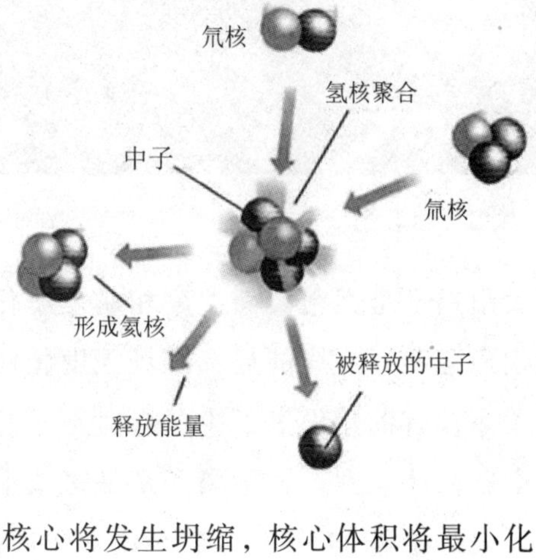

100 亿岁以后，我们的太阳的核心将发生坍缩，核心体积将最小化，新

一轮的核心质量、核心密度、核心引力最大化开始，导致核心温度最大化，直到开始把氦元素聚变成稳定度最大化的碳元素。

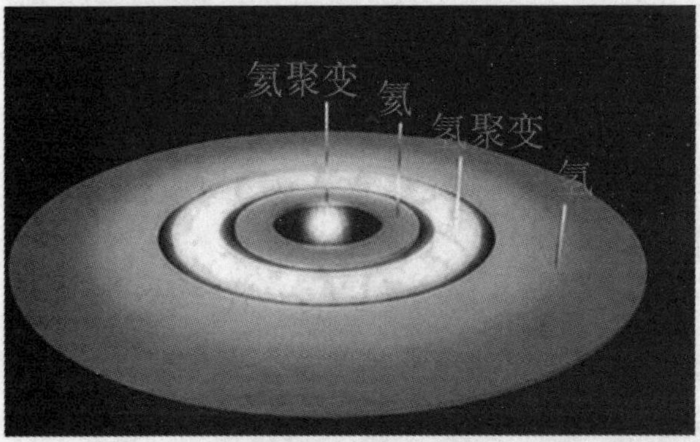

虽然氦聚变产生的能量比氢聚变产生的能量少，但温度也照样最大化，导致我们的太阳的外层大气体积最大化，部分外层大气进入太空，这将导致太阳质量的最小化，同时所有行星与太阳的距离也开始了最大化。当新元素含量最大化的过程结束时，我们的太阳的质量最小化过程也基本结束，太阳外层将延伸到地球或者火星目前运行的轨道处，当然那时的地球和火星比现在距离太阳要远。

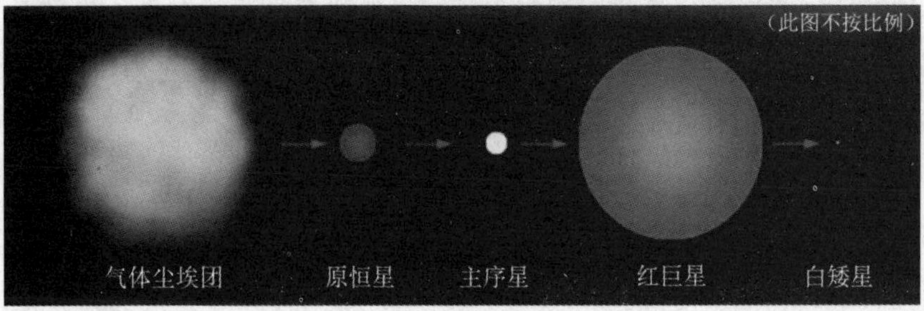

太阳一生变化示意图

太阳黑子是太阳表面温度相对最小化而显得黑的区域，是太阳光球层物质剧烈运动而形成的局部磁场强度相对最大化区域。太阳黑子，有的年份黑子多，有的年份黑子少，有时甚至几天，几十天日面上都没有黑子。天文学家们注意到，太阳黑子从最多或最少的年份到下一次最多或最少的年份，大约相隔 11 年。也就是说，太阳黑子有平均 11 年的活动周期，这也是整个太阳的活动周期。也就是说，太阳黑子数量最大化和最小化的周期是 11 年。

太阳黑色部分为太阳黑子

太阳耀斑是一种剧烈的太阳活动，是太阳能量最大化时高度集中释放的过程，太阳黑子相对而言，是一个时间最小化的过程，仅在几分钟到几十分钟之间，亮度最大化迅速，最小化较慢。太阳耀斑一旦出现，就是太阳能量最大化的大爆发，一次太阳耀斑的能量就相当于我们地球 10 万至 100 万次强火山爆发的总能量。

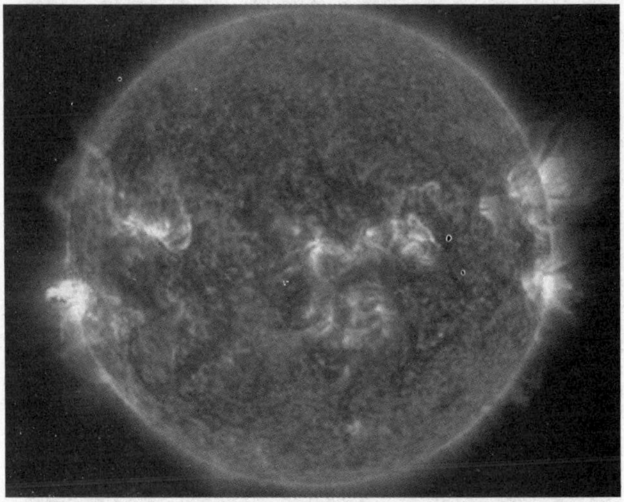

美国宇航局拍摄的太阳耀斑爆发图

太阳风以 200～800 千米/秒的速度运动，是等离子体物质流，不是由气体的分子组成，而是由更简单的比原子还小一个层次的基本粒子，主要由质子和电子等组成，流动时所产生的效应与地球空气流动十分相似，所以称它为太阳风。太阳风是太阳系中最大化的天体造成的速度最大化的物质流运动。当太阳风抵达地球时，往往引起最大化的磁暴与强度最大化的极光，同时也产生规模最大化电离层骚扰。

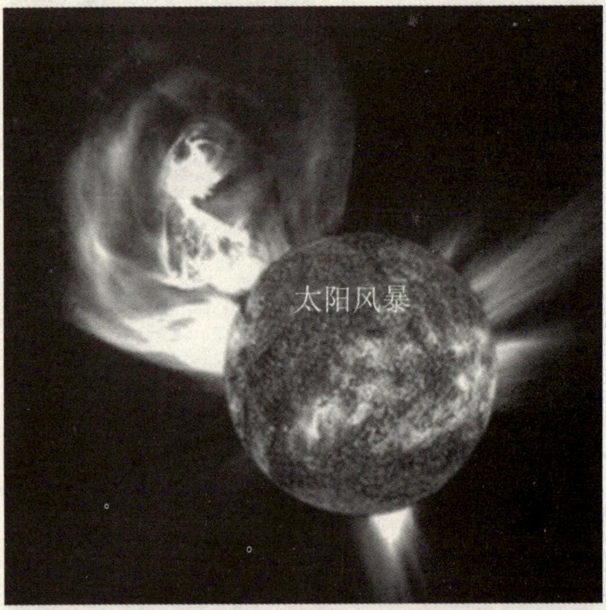

太阳风暴

吹向太阳系的太阳风

吹到地球的太阳风

太阳风暴造成的地球上亮度、规模、历时最大化的大气发光现象

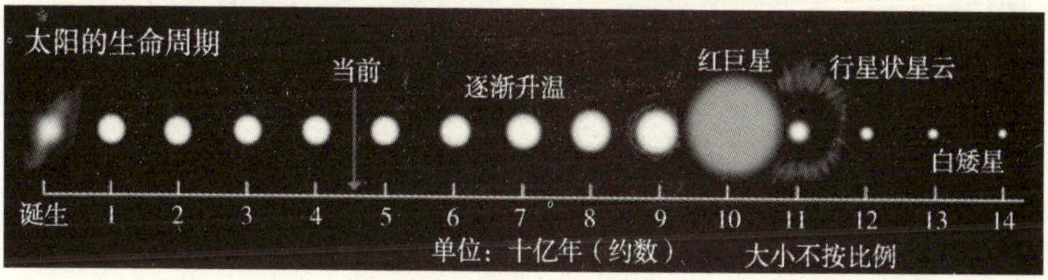

太阳的起源与终结的历程图

由上图可知：

太阳从星云到主序星，是体积最小化、密度最大化过程，是中心温度最大化、氢核聚变最大化过程，也是活跃度最大化的过程。

太阳从主序星到红巨星，是体积最大化过程，也是中心温度最大化、氦核聚变最大化的过程。

太阳从红巨星到白矮星，是体积最小化、密度最大化过程，是温度最小化过程，是氦核聚变最小化的过程，同时也是活跃度最小化的过程。

太阳的一生，要发生许许多多的最大化与最小化的过程与现象。

九、最大化、最小化与我们的地球

地球是什么？地球就是我们人类的大地母亲，是我们人类到目前为止可以赖以生存的唯一星球，是太阳系中的一颗生命适存度最大化的星球。

地球是什么？地球对我们人类的生命而言，是美丽度最大化的星球，是银河系中的我们人类生命适存度最大化的星球。

地球从哪里来？地球从太阳系形成过程中分化而来，地球由太阳系有序度最大化的历史发展演化过程中而来。

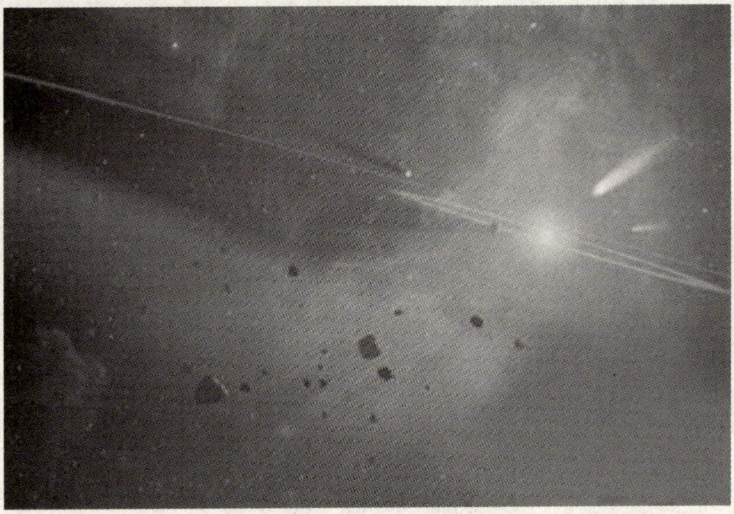

被物质碎块包围的原始太阳

在太阳系形成初期，99%以上的物质向中心聚合成为太阳，周围一些分散的物质碎片围绕着太阳旋转，经过很长一段时间的碰撞和引力作用，分散的碎片逐渐聚合成了各大行星，最原始的地球只是一团混沌的物质。

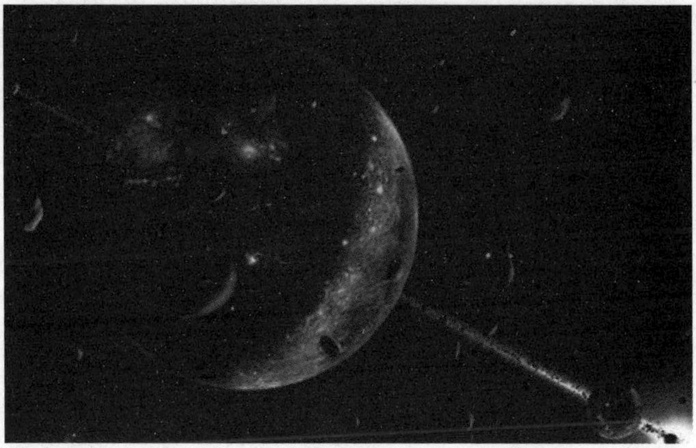

吸聚物质碎块的原始地球

有科学家计算表明，在太阳系形成的过程中，一个直径 10 千米大小的天体变成地球这样的天体需要经过大约 1 亿年的时间。

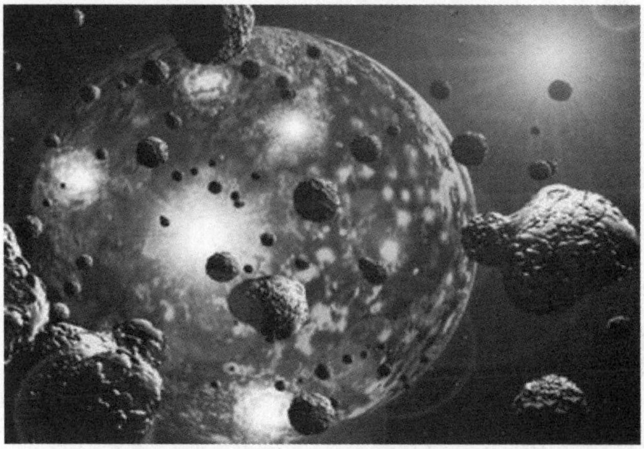

原始地球有大量的物质来源

也就是说，太阳系形成过程中，有多个大质量的质点有一个吸聚最大化的过程。最大的质量质点就是原始星云的中心，形成了太阳。其他大一些的质量质点，形成了行星，较小的质量质点形成了附属于行星的卫星，其他的质量质点，形成了彗星或小行星。而所有这些星体的形成，都经历了吸聚最大化的过程。星体吸聚最大化的过程，同时就是星体质量最大化的过程。

小行星撞击地球，给地球带来物质和能量

在原始地球的吸聚过程中，其大质量质点吸聚的方向是最大化的，从周围各方吸聚物质，因此也经历了一个质点球度最大化的过程。也就是说，不断长大的地球，尽可能地变为一个“球”。但是，又不可能变为真正的“球”，因为，在吸聚周围物质的过程中，原始地球，也不断获得各种角动量，从而发生自转现象。这种自转现象，会使球度的破坏最大化。两者的叠加，原始地球，没有成为圆球，而成为了一个椭球。

正在长大的原始地球

当原始地球的周围可以被吸聚的物质最小化到没有什么东西的时候，原始地球就基本形成，地球的基础质量也就基本定型了。虽然在以后的历史中，地球还会吸聚，还会让自己的质量最大化，但增加的质量已经微乎其微了。

基本长成的原始地球

原始地球在吸聚的过程中，体积在最大化，分异程度在最大化。

原始地球吸聚来的物质，在万有引力的作用下，挤压在一起，开始了内部压力最大化的过程。各种物质带来的能量、释放的能量，也让地球内部开始了能量最大化、温度最大化的过程。原始地球，逐渐变成了一个炙热的星球，内部物质融化了，整个星球开始融化了。

原始地球融化了

原始地球融化后，各种元素分异最大化开始了：重元素汇聚到地心，使地心重元素的丰度开始了最大化，轻元素丰度开始了最小化。轻元素向外层分布，地球外层轻元素丰度开始了最大化、重元素丰度开始了最小化。最终造成了地球内部的特有的圈层结构。而地球的内部圈层结构也开始了稳定度的最大化。

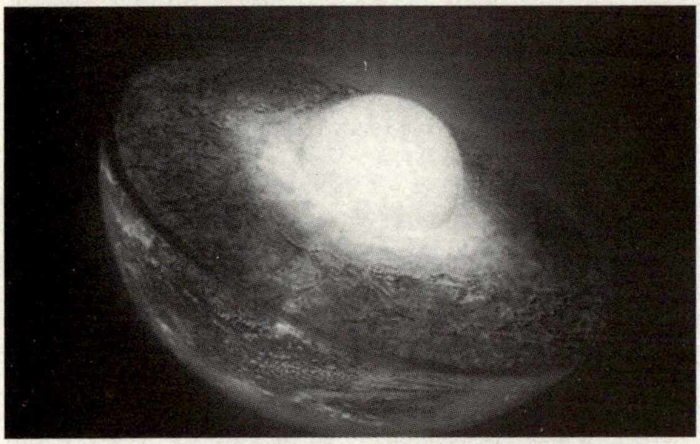

地球内部结构示意图

原始地球中，比重大而熔点低的铁、镍等元素最先分离出来并向地心集中，形成地核。这是重力分异。在重力分异过程中，物质的位能向热能转化，上层的岩石也相继发生熔融，结果，较轻的铁镁硅酸盐物质向上集中，原始地幔形成。原始地幔的表层同时在散热变硬，形成坚硬外壳，原始地壳形成。

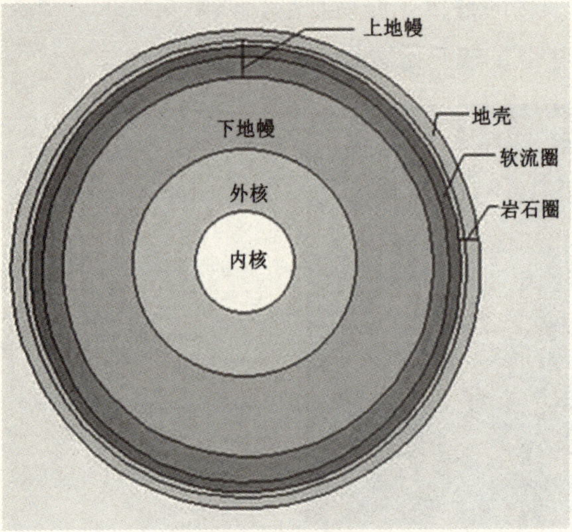

地球的圈层

地球内部圈层结构，从外到内，温度最大化、密度最大化、重元素丰度最大化、轻元素丰度最小化、能量密度最大化；从内到外，温度最小化、密度最小化、重元素丰度最小化、氢元素丰度最大化、能量密度最小化。这是相辅相成的，是一个事物的两个方面、两个方向。

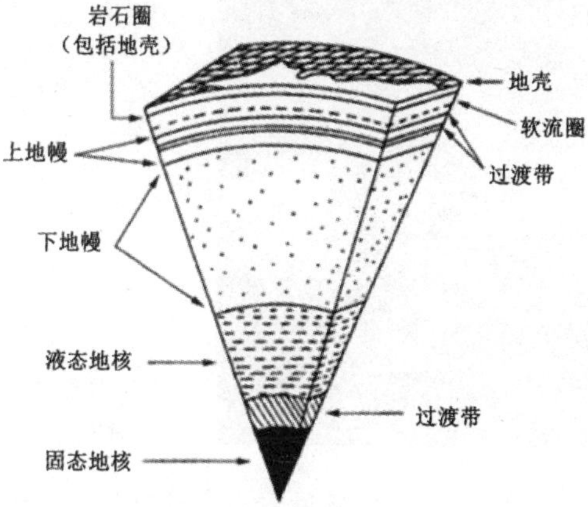

地球内部圈层结构解剖图

地球内部的一些气态物质，在温度最大化的同时，自由度最大化了，冲出内部圈层，进入大气，成为地球大气层的一部分。地球大气圈是地球体积最大化的空间特征。地球大气层从低到高，大气密度最小化；地球大气从高到低，大气密度最大化。承接了地球内部圈层物质密度最大化和最小化的基本趋势。

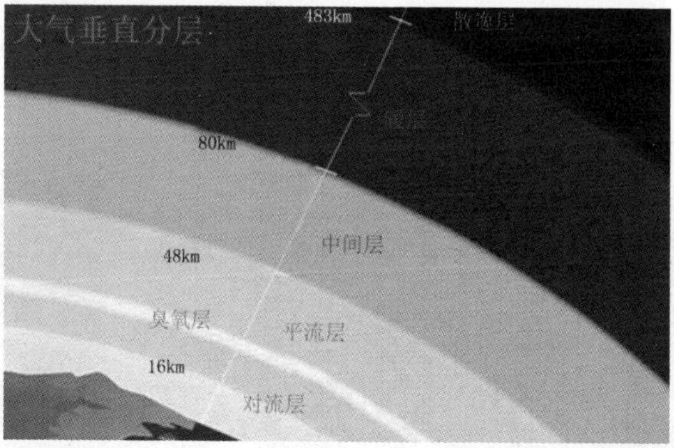

地球大气圈层图

地质科学告诉我们，原始地球大约是在46亿年前形成的，温度很高，天空中赤日炎炎，电闪雷鸣；地面上火山喷发，熔岩横流。从火山中喷出的气体，构成了原始的大气层。氧气和氢气化合形成了水，在经过太阳的能量辐射、地球本身的电磁场的影响之后，形成了适宜的环境。地球环境的适宜度开始了最大化，地球表层温度开始了最小化。

原始地球海洋初成

原始大气在高温、紫外线、雷电等自然条件的长期作用下，开始了有机反应的最大化，逐渐形成了一些有机物。有机物是无机物高级反应最大化的最终结果。

随着地球表面的温度最小化，原始大气中的水蒸气凝结成雨降落到地面上，这些有机物随雨水进入湖泊、河流，汇集到原始的海洋。原始的海洋就像一盆热汤，其中所含的有机物、无机物，不断地相互作用，经过极其漫长的岁月，在原始地球形成以后的10亿年左右，才逐渐形成了原始的生命。生命是无机物与有机物综合高级反应最大化的最终结果。

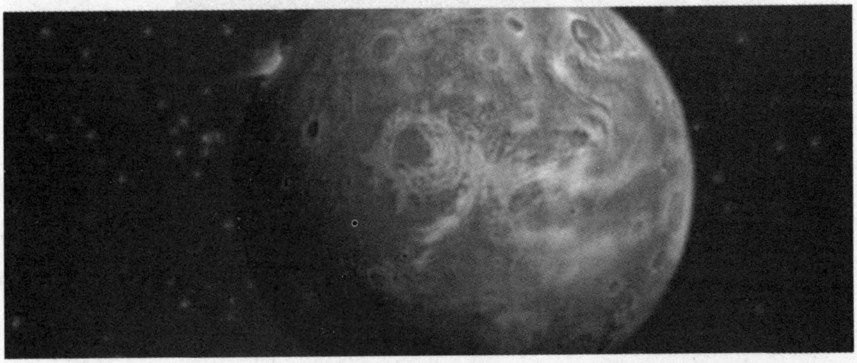

原始地球表面的热汤现象

当然，这也说明，地球具有生命出现和生命存在的适宜度最大化的一切条件。生命是宇宙中复杂度最大化的物质存在。生命的一个特点是，来自于复杂，又趋于复杂的最大化。也就是说，生命会自行导致复杂程度的最大化。

进入生物进化时代的地球表面

在此基础上，地球生命也开始了复杂程度的最大化，这就是生命的进化。

生物进化，是地球复杂度最大化的一个最好表现。

十、以最大化、最小化的视野看生物进化

生物进化首先要归功于生命的产生，而生命的产生又要归功于地球演化过程中出现的生命适存度的最大化，即生物大分子和生命能够存在的各种天文条件和地球条件的最大化。

生命的构成元素如碳、氢、氧、氮、磷、硫等，来自我们的宇宙大爆炸后元素的演化。元素演化，一个基本指向就是：元素从简单到复杂的最大化、元素数量和种类的最大化。

氦元素是由氢元素最大化而来的，其他元素，又是由这些简单元素最大化而来，这是宇宙的元素进化。元素进化，为宇宙造就了各种各样的化学元素。

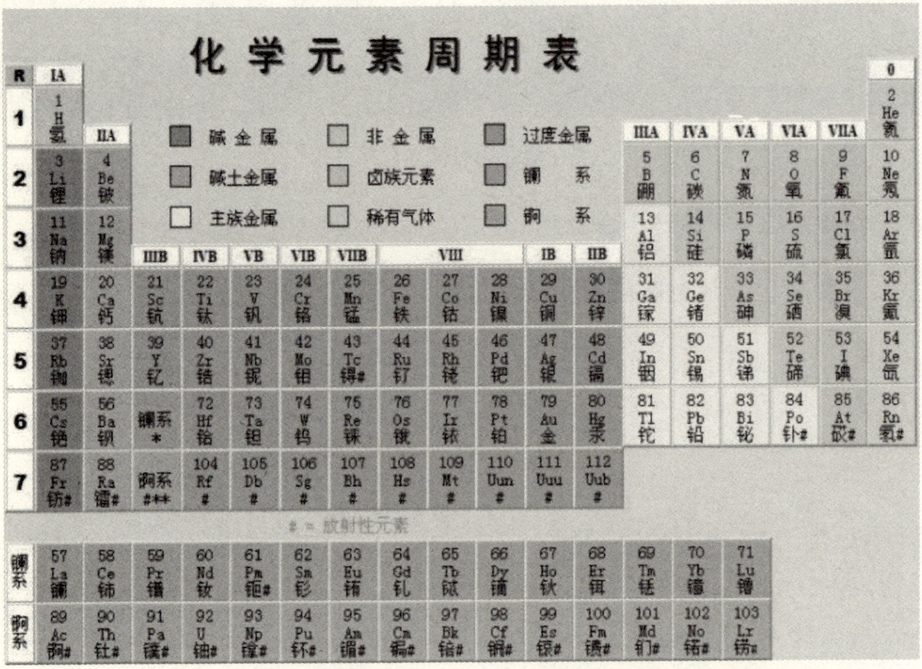
化学元素周期表

碱金属　非金属　过度金属
碱土金属　卤族元素　镧系
主族金属　稀有气体　锕系

R	IA	IIA	IIIB	IVB	VB	VIB	VIIB	VIII	VIII	VIII	IB	IIB	IIIA	IVA	VA	VIA	VIIA	0
1	1 H 氢																	2 He 氦
2	3 Li 锂	4 Be 铍											5 B 硼	6 C 碳	7 N 氮	8 O 氧	9 F 氟	10 Ne 氖
3	11 Na 钠	12 Mg 镁											13 Al 铝	14 Si 硅	15 P 磷	16 S 硫	17 Cl 氯	18 Ar 氩
4	19 K 钾	20 Ca 钙	21 Sc 钪	22 Ti 钛	23 V 钒	24 Cr 铬	25 Mn 锰	26 Fe 铁	27 Co 钴	28 Ni 镍	29 Cu 铜	30 Zn 锌	31 Ga 镓	32 Ge 锗	33 As 砷	34 Se 硒	35 Br 溴	36 Kr 氪
5	37 Rb 铷	38 Sr 锶	39 Y 钇	40 Zr 锆	41 Nb 铌	42 Mo 钼	43 Tc 锝#	44 Ru 钌	45 Rh 铑	46 Pd 钯	47 Ag 银	48 Cd 镉	49 In 铟	50 Sn 锡	51 Sb 锑	52 Te 碲	53 I 碘	54 Xe 氙
6	55 Cs 铯	56 Ba 钡	镧系 *	72 Hf 铪	73 Ta 钽	74 W 钨	75 Re 铼	76 Os 锇	77 Ir 铱	78 Pt 铂	79 Au 金	80 Hg 汞	81 Tl 铊	82 Pb 铅	83 Bi 铋	84 Po 钋#	85 At 砹#	86 Rn 氡#
7	87 Fr 钫#	88 Ra 镭#	锕系 **	104 Rf #	105 Db #	106 Sg #	107 Bh #	108 Hs #	109 Mt #	110 Uun #	111 Uuu #	112 Ub #						

= 放射性元素

镧系	57 La 镧	58 Ce 铈	59 Pr 镨	60 Nd 钕	61 Pm 钷#	62 Sm 钐	63 Eu 铕	64 Gd 钆	65 Tb 铽	66 Dy 镝	67 Ho 钬	68 Er 铒	69 Tm 铥	70 Yb 镱	71 Lu 镥
锕系	89 Ac 锕#	90 Th 钍#	91 Pa 镤#	92 U 铀#	93 Np 镎#	94 Pu 钚#	95 Am 镅#	96 Cm 锔#	97 Bk 锫#	98 Cf 锎#	99 Es 锿#	100 Fm 镄#	101 Md 钔#	102 No 锘#	103 Lr 铹#

有了各种各样的元素，就为各种各样的分子出现创造了足够的条件。

因为各种各样的元素在一起，一定会出现新的复杂度最大化的物质存在形式，这就是分子。

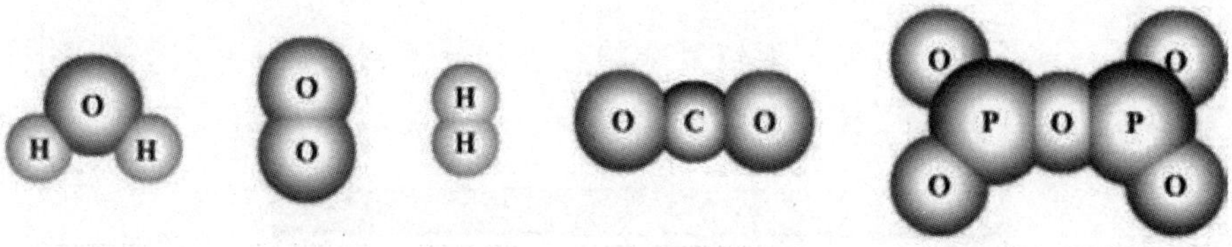

水分子　　氧分子　　氢分子　　二氧化碳分子　　五氧化二磷分子

宇宙在化学元素创生的基础上，开始了分子复杂度的最大化：化学进化。

在宇宙的化学进化过程中，首先是无机分子的进化，进而出现了有机分子。

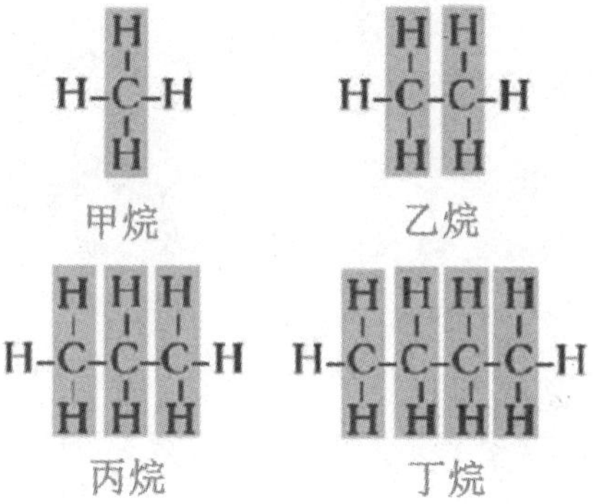

当有机分子出现以后，又开始了有机分子复杂度的最大化：由简单的有机分子，演化出各种各样的复杂有机分子、有机高分子。

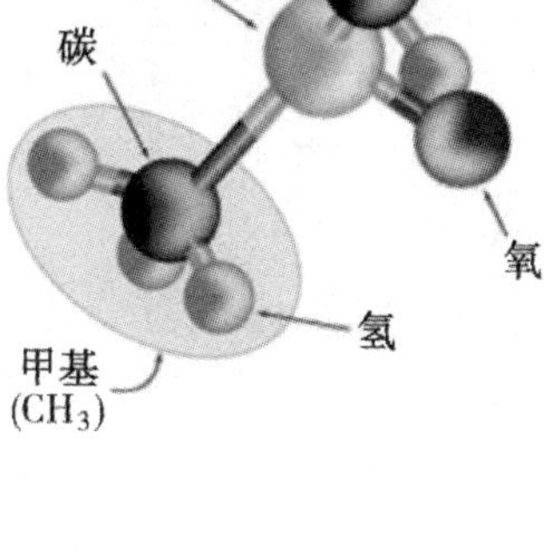

我们宇宙的化学进化的有机分子进化并不局限于地球。

在星际演化中，可以产生最简单的有机物分子。

在星际演化中，可以产生较复杂的有机物分子氨基酸、嘌呤、嘧啶等，它们可能形成于星际尘埃或凝聚的星云中。

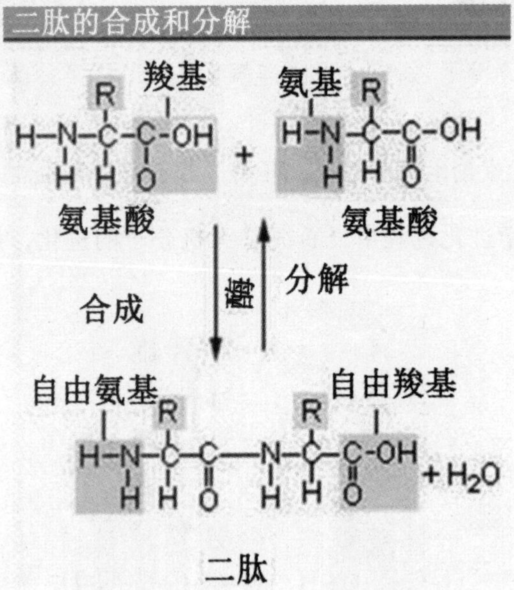

在星际演化中，在行星表面可以产生更复杂的有机物分子多肽、多聚核苷酸等有机高分子。

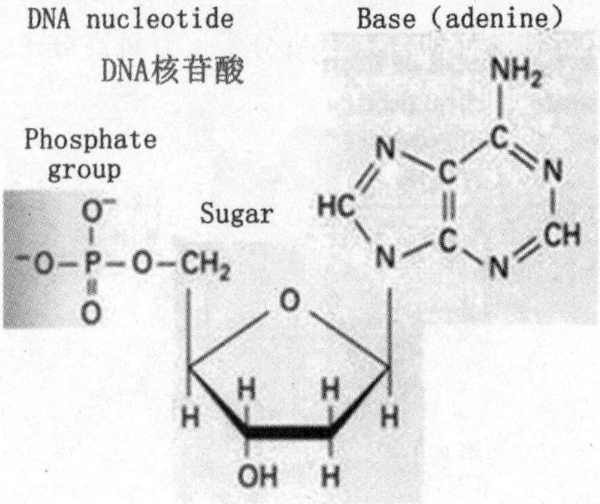

当各种各样的有机分子、有机高分子在地球上出现并进一步朝着复杂度最大化发展的时候，在适当的条件下，可以进一步结合成复杂度最大化的蛋白质、核酸等大分子有机物质，经过进一步演化，终于产生了能够不断地进行自我更新的、结构非常复杂的多分子体系，最后出现了可以自我复制的有机高分子 DNA。到此，地球生命终于形成。

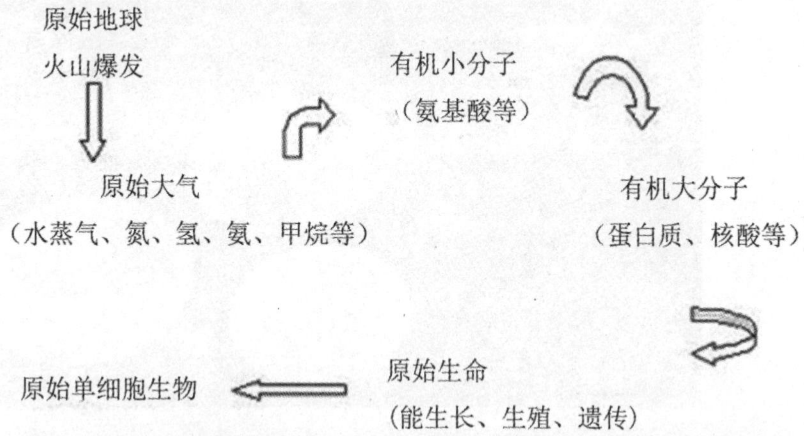

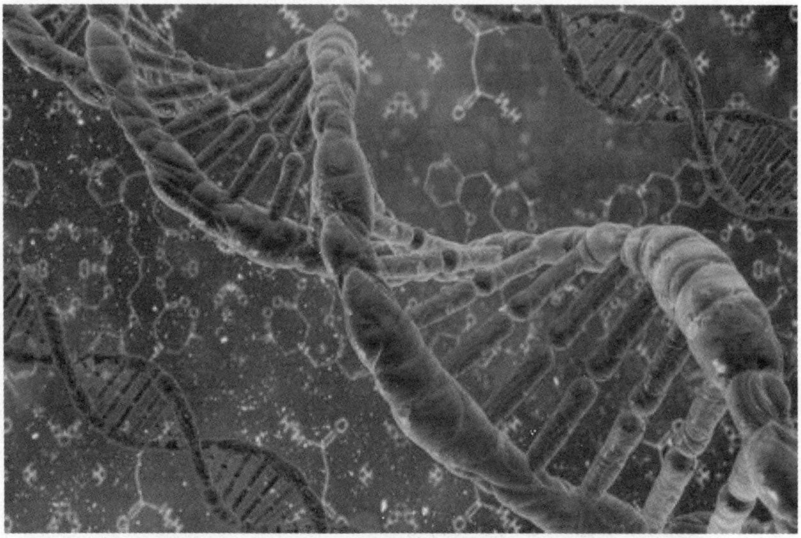

DNA 构想图

我们的地球约形成于距今 46 亿年。38 亿年前，地球上形成了稳定的陆块，但水圈依然是热的，甚至是沸腾的，出现了一些极端嗜热的古细菌和甲烷菌，这可能是最接近于地球上最古老的生命形式，其代谢方式可能是化学无机自养。

从澳大利亚发现的距今35亿年的瓦拉翁纳群中的丝状细菌化石表明，生命的起源亦即化学进化过程，应发生在地球形成后约11亿年。

瓦拉翁纳群中的丝状细菌化石一

瓦拉翁纳群中的丝状细菌化石二

从澳大利亚发现的距今 35 亿年的瓦拉翁纳群中的丝状细菌化石，目前是地球上最早的生命证据。

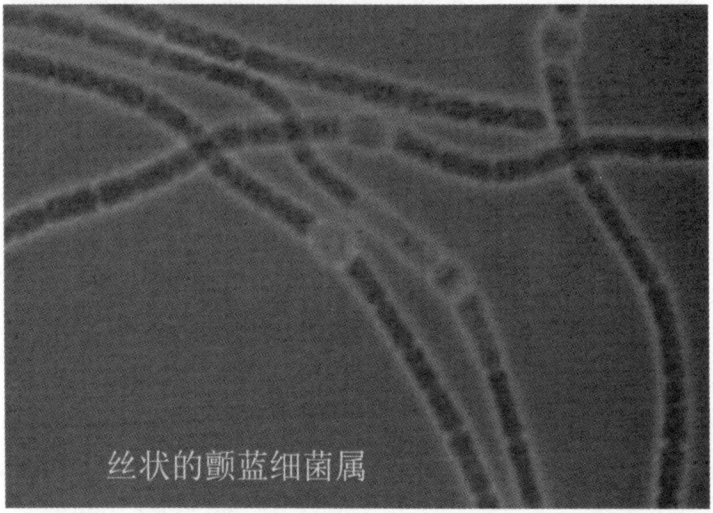

丝状的颤蓝细菌属

生命的产生是地球演化史上的一次最大的飞跃，使得地球历史从化学进化阶段推向生物进化阶段。我们的地球也就开始了生命适存度的最大化、生命数量最大化、生命种类最大化、生命复杂度最大化的进程，也就是开始了真正的生物进化。

没有宇宙各种各样的最大化和最小化，就不会有生命的出现。

宇宙各种各样的最大化和最小化，最终造成了我们地球最原始的生物系统，造就了具有原始细胞结构的生命。

化石代表了地球上最古老和最原始的微生物生态系统

原始地壳的出现，标志着地球由天文行星时代进入地质发展时代，具有原始细胞结构的生命也开始逐渐形成。

至此，宇宙生物学的进化开始，地球上产生了生物进化：复杂度最大化的生命形式不断出现，各种生命形式的数量也趋向于最大化。

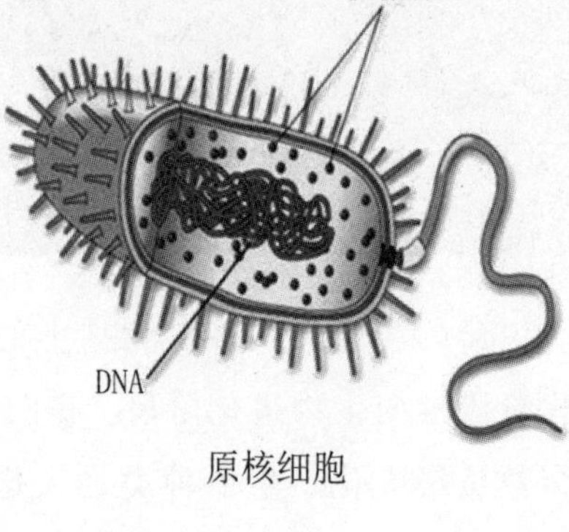

原核细胞

最初的生命是非细胞形态的生命，是生命复杂度最大化的极点。为了保证有机体与外界正常的物质交换和能量交换，原始生命在演化过程中，形成了细胞膜，出现了细胞结构的原核生物。原核生物是复杂度最小化的生命形式之一。

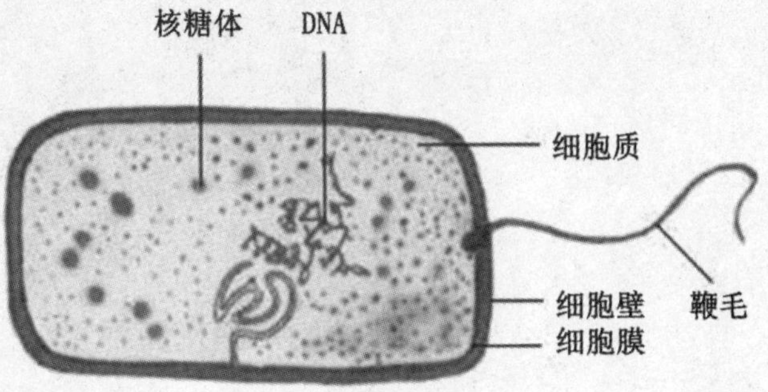

细胞是生命的结构单元、功能单元和生殖单元，细胞的产生是生命史上的一次重大的飞跃。细胞是我们所知的生命单元最小化的极点，也是生命单元最大化的起点。

地球上最早出现的异养型原核生物细菌继续朝复杂度最大化方向前进，经过不断地分化和发展，终于又出现了能够进行光合作用、从无机物合成有机养料的自养型原核生物蓝藻。

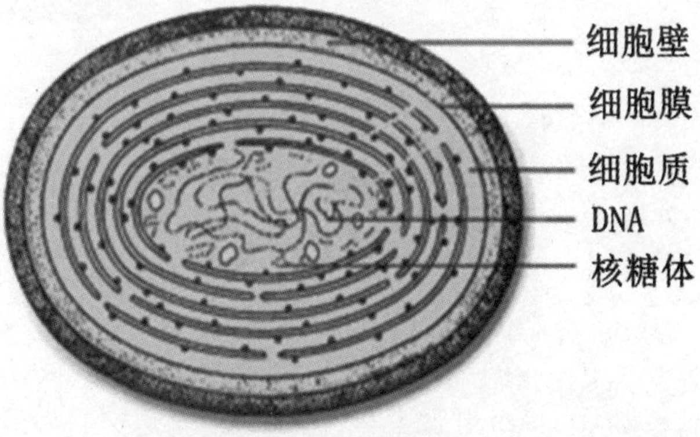

蓝藻模式图

蓝藻和细菌作为早期生物界的合成者和分解者，组成物质循环的两个基本环节，形成了一个完整的生态系统。至此，地球生态系统的完整度的最大化达到了一个更高的境界，地球生物实现了从异养到自养的一次重大的飞跃。

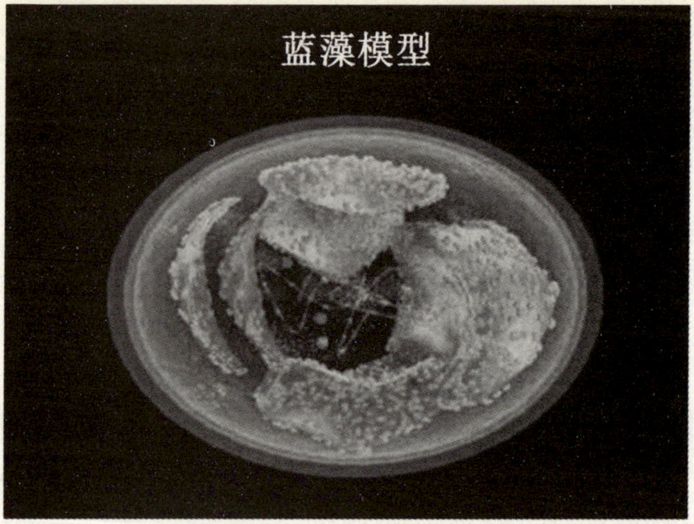

蓝藻是最早出现的放氧生物，使得地球上原始大气中氧气浓度不断增加，形成含氧大气层，大气的含氧量开始了最大化。

原核生物蓝藻

在高空出现的臭氧层，吸收了太阳的紫外辐射，开始了紫外辐射对地球生物伤害度最小化。这改变了地球整个生态环境，使地球生态环境的优良度开始了更高级的最大化。这又为喜氧生物提供了有利的生活环境，使喜氧生物数量的最大化成为现实。于是越来越多的地球生物由厌氧转入喜氧，提高了能量代谢的效能，地球生物能量代谢的能力开始了最大化。

在加拿大甘弗林组中，科学家发现了完好的距今约20亿年的细菌和蓝藻化石。

地球生物从原核到真核，是生物复杂度最大化的转折点。

真核细胞模式图

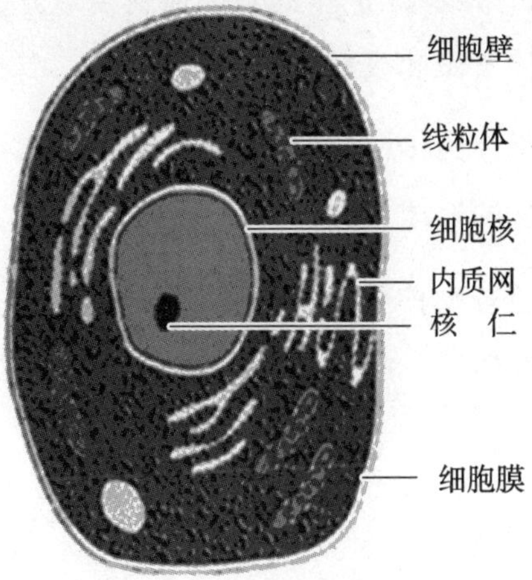

地球生物，最早是单细胞原核生物。原核细胞没有核膜，没有细胞器，结构简单。真核细胞具有核膜，整个细胞分化为细胞核和细胞质两部分。细胞核内具有染色体，成为遗传中心，细胞质内进行蛋白质合成，成为代谢中心。由于细胞结构复杂度的最大化，细胞增强了变异性，使得真核生物能够向高级体制发展，地球生物细胞开始了最大化的高级化。

- **物质**
  - **非生物：没有生命的物质**
  - **生物**
    - **非细胞结构：病毒（如噬菌体）**
    - **细胞结构**
      - **原核细胞**：**支原体、衣原体、细菌、蓝藻、放线菌** —— **原核生物，如**：**葡萄球菌、破伤风杆菌、大肠杆菌、醋酸杆菌、肺炎双球菌、结核杆菌**
      - **真核细胞**：**所有动物、种子植物；蕨类植物；苔藓植物；藻类植物（如水绵、衣藻等）；真菌（如酵母菌、霉菌、食用菌等）** —— **真核生物**

距今约 13 亿年的美国加利福尼亚的贝克泉组的白云岩中，科学家发现了原核蓝藻和真核绿藻。

距今约 10 亿年的澳大利亚的苦泉组，科学家发现了绿藻，这是最早具有真核的地球生物。

随着真核生物的出现，真核生物的种群最大化开始，种群最大化的分异也开始了，动物、植物开始分化和发展，地球生物最大化的多极化也开始了。

生命系统发生树

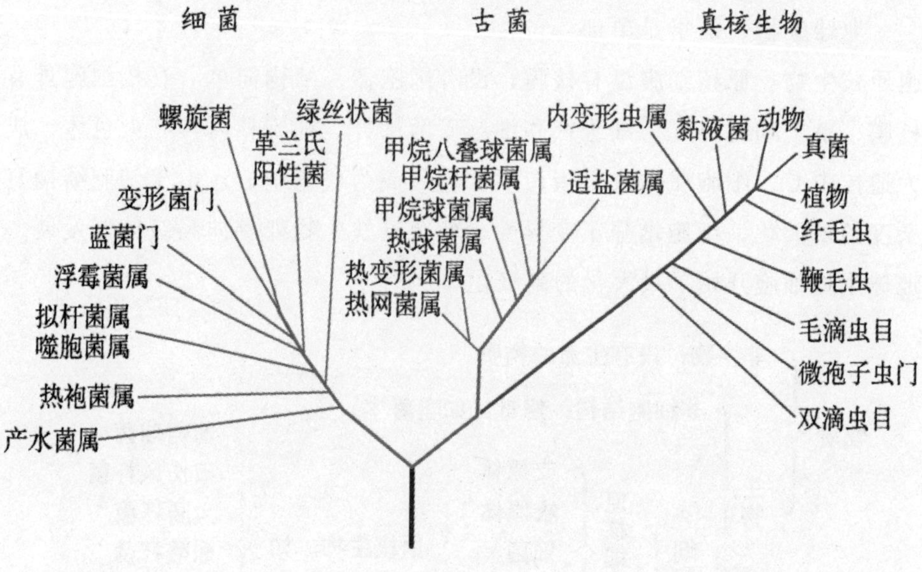

动物的出现，使地球生态系统形成了一个新的三极生态系统，使地球生态系统的合作度、共生度最大化开始了：绿色植物（真核植物和原核蓝藻）通过叶绿素光合作用制造食物，是地球生态系统的生产者；细菌和真菌是地球生态系统的分解者；动物是地球生态系统的消费者。地球生态系统的完整度的最大化到达了一个圆满境界。

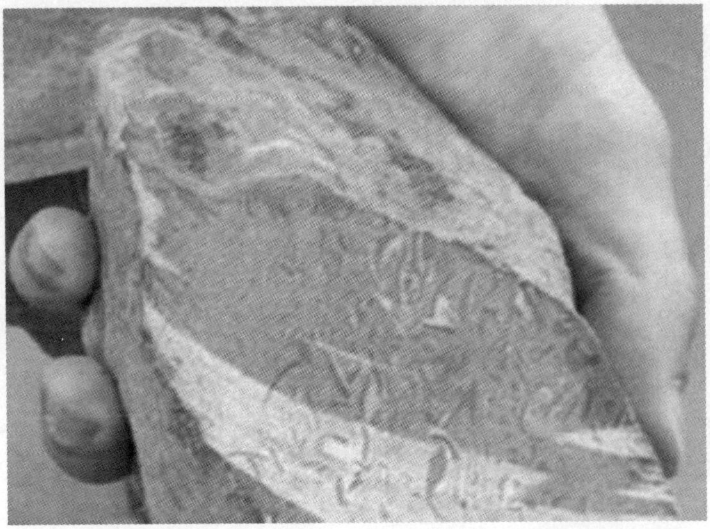

科学家发现的地球上最早的动物远古海绵的“化石残骸”

地球上最早的动物化石,是距今6亿~7亿年澳大利亚的伊迪卡拉动物群，科学家发现了腔肠动物的似水母类、海鳃类、环节动物，还有少量节肢动物。

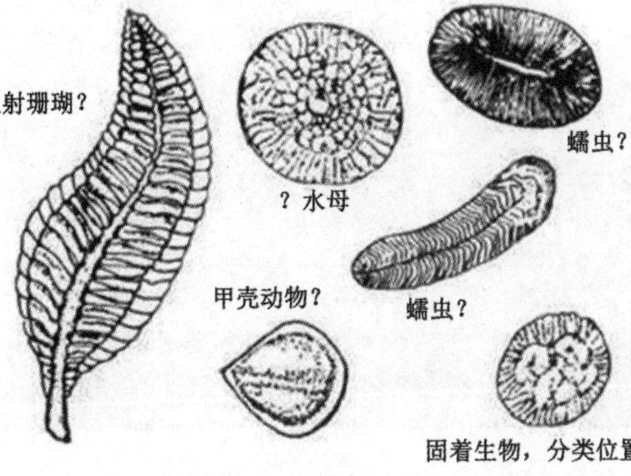

伊迪卡拉动物群代表属的复原图

地球动物的出现，又开始了动物数量的最大化、动物种群的最大化、动物高级化的最大化，地球也就开始了动物进化。

伊迪卡拉动物群幻想图

有一个现象很有意思，动物的是一类运动速度最大化的物种，而植物相对而言是运动速度最小化的物种，所以，动物进化的最大化要远远高于植物进化的最大化。当然，动物进化的最大化，在地球生态系统完整度最大化的背景下，是可以加速植物进化的最大化的。

早古生代在地球生物进化史上，被称为“海洋藻类时代”和“海洋无脊椎动物时代”。起始于距今 6 亿年，延续了约 1.7 亿年。植物仍以海生藻类为主，植物进化速度远较动物进化缓慢，一直停留在藻类阶段，但是藻类数量继续最大化，使地球生态系统的含氧量继续最大化、海洋动物可获得的食物总量最大化。藻类的大量繁育，不仅为海洋无脊椎动物提供了丰富的食物资源，而且通过叶绿素光合作用，放出氧气，为海洋无脊椎动物的发展，准备了优良度最大化的生活环境。当然，此时的海洋动物，也就是一些无脊椎动物。

寒武纪早期，出现了地球上最早的钙质硬壳的小壳动物群，包括软舌螺、单板类、腹足类、腕足类等。

稍后，地球生物进入三叶虫时代。

三叶虫化石

在中国云南距今5.7亿年的澄江动物群，科学家发现了水母、三叶虫、金臂虫、非三叶虫节肢动物、蠕形动物、海绵、无铰腕足类、软舌螺和藻类等，这是目前世界上保存最早的软体多门类动物群。

澄江动物群科幻图

随后，腔肠动物、古杯类、软体动物（双壳、腹足、头足）、棘皮动物、牙形刺、笔石等相继出现。其中以三叶虫演化迅速、生态分异明显，分布遍及全球整个海域，在动物界中占绝对优势，因而称寒武纪为“三叶虫时代”。

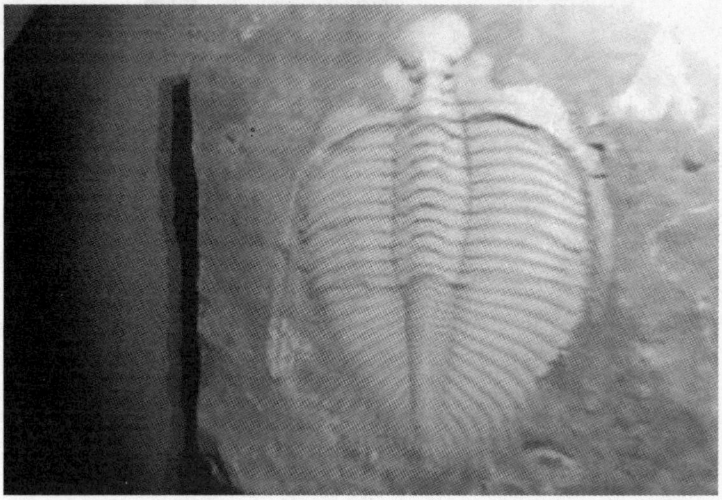

三叶虫化石一

三叶虫化石二

三叶虫化石三

三叶虫化石四

三叶虫科幻图

古杯类是地球上最早的造礁动物，生活于早寒武世，中寒武世早期绝灭，是地球生物进化中第一个完全绝灭的造礁动物门类。

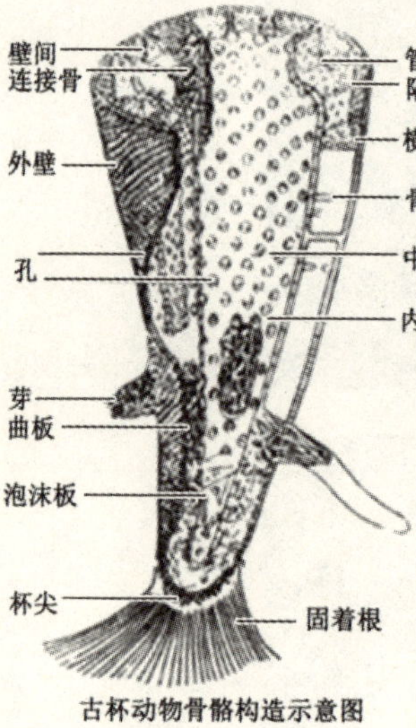

古杯动物骨骼构造示意图

古杯动物

奥陶纪，藻类继续大量繁育，海洋无脊椎动物的生活环境优良度继续最大化，海洋无脊椎动物种群的最大化继续发展，层孔虫、苔藓虫等先后出现，笔石、腕足类、鹦鹉螺等显著分异。树形笔石继续发展，一部分固着在海底生活，而大部分远洋漂浮生活，遍及全球海域。正笔石类兴起、演化迅速。

腕足类出现了分异的第一个高峰期，数量上和种群上迅速最大化。

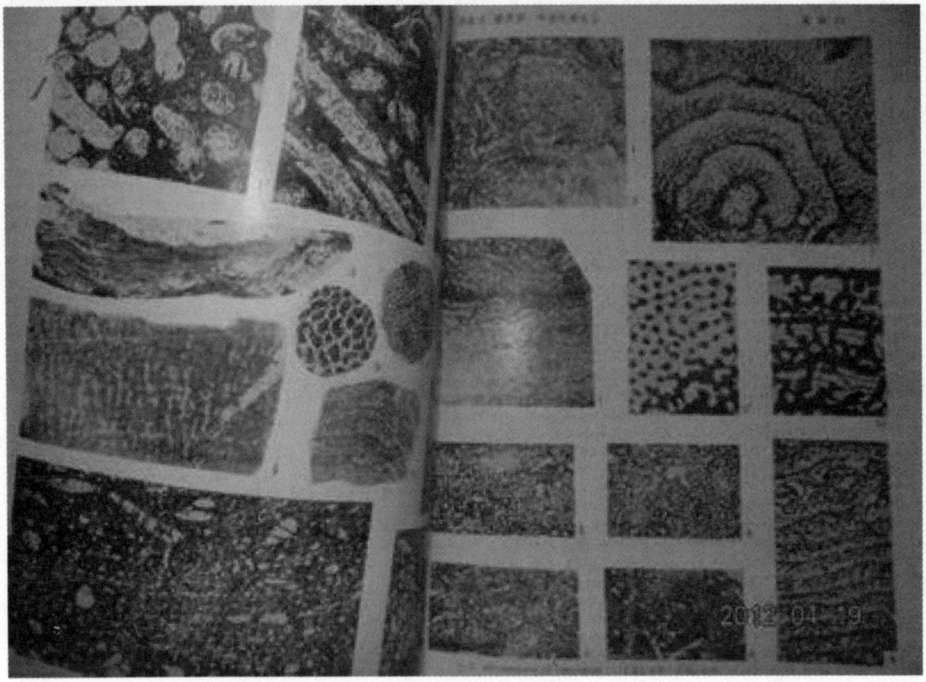

中国层孔虫

鹦鹉螺开始出现于晚寒武世，到奥陶纪分异明显，种类繁多，个体较大，是营游泳生活的凶猛食肉动物。

珊瑚最早出现于寒武纪，至中、晚奥陶世大量繁育，同层孔虫、苔藓虫等一起，是温暖浅海的重要造礁动物。

寒武纪的化石，有一硬币比较大小

海洋无脊椎动物新类群的出现及自身的数量的最大化，使浅海陆棚区的地球动物生存竞争度最大化。

到了志留纪，三叶虫显著衰退，笔石向简化方向演变，单笔石兴起并大量发展。这些都是地球动物生存竞争度最大化的必然结果。地球动物进化的最大化不可能没有止境地进行下去，因为地球是有限度的，动物依赖的资源是有限度的。地球动物进化的必然过程是：一些物种兴起，一些物种消亡。动物物种相互之间，最大化与最小化密切相关。

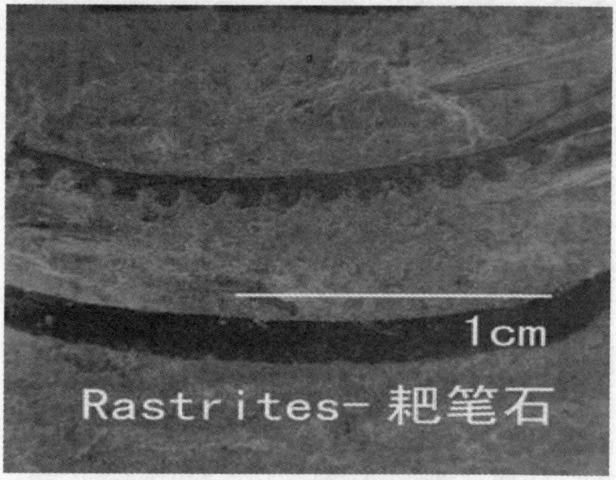

志留纪的珊瑚，以床板珊瑚和日射珊瑚为主，还出现了特有的链珊瑚。

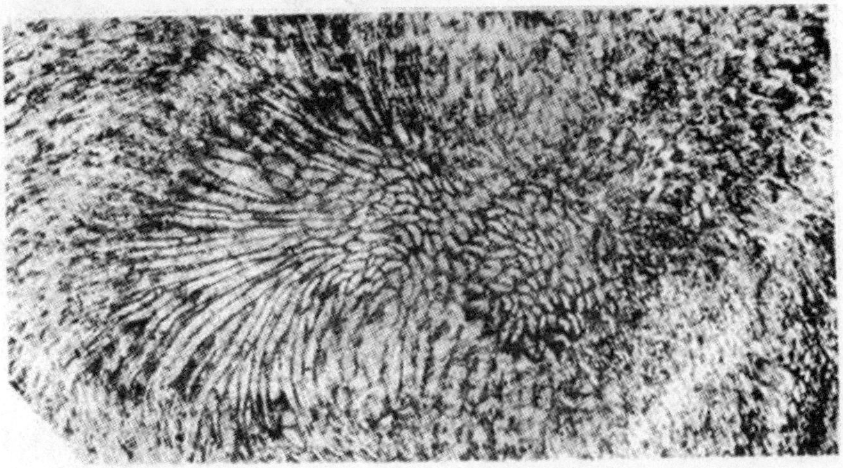

志留纪、泥盆纪的床板珊瑚

志留纪的腕足类动物，出现了内部构造更为复杂的五房贝和展翼状外壳的石燕贝。

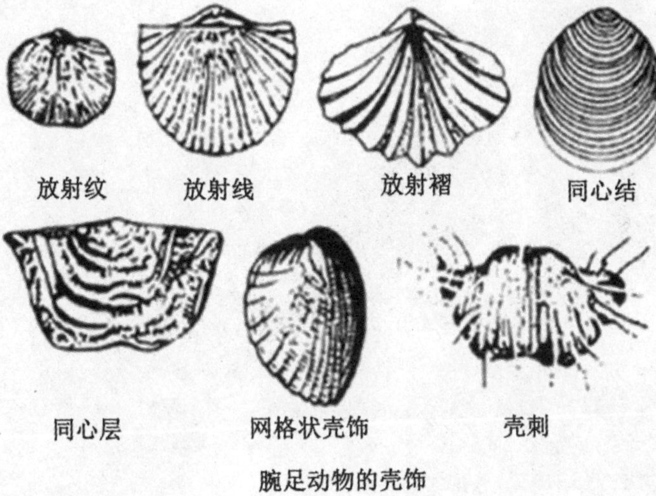

腕足动物的壳饰

志留纪的鹦鹉螺，显著减少，但仍有代表。

节肢动物中形体最大的板足鲎类，最早出现于奥陶纪，到志留纪大量繁育。

志留纪末期，地球上出现了大规模海退，陆地面积逐渐扩大。在地球陆地面积最大化的同时，海洋面积在最小化。可是，地球生物数量最大化和种群最大化的脚步并没有停止，一些地球生物必然要到陆地上来进化了。

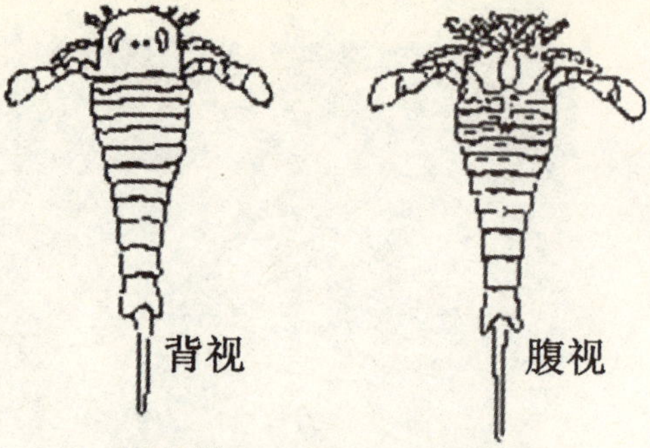

板足鲎Eurypterus复原图

志留纪晚期，在滨海浅滩生活的绿藻植物，进化成了的陆生裸蕨植物。这又开始了陆生植物数量的最大化、陆生植物种群的最大化、陆生植物高级化的最大化，地球也就开始了陆生植物的进化。

裸蕨植物

泥盆世早期，开始出现大量生活在滨海沼泽低地的陆生植物，中泥盆世后期出现根、茎和叶分化的原始石松类和有节类。

泥盆世晚期，裸蕨植物迅速绝灭了。

科学家称，志留纪末到中泥盆世为“裸蕨植物时代”。裸蕨植物灭绝了，地球植物的新时代开始了。因为地球环境的生物适存度的最大化，又发展到了新的高度。比裸蕨植物更高级化的蕨类植物出现了。

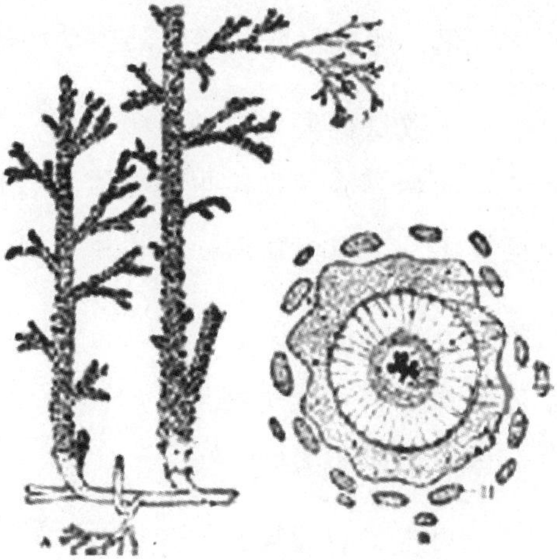

最原始的石松

石炭纪、二叠纪，陆生植物进一步进化，出现了石松、节蕨、真蕨和原始裸子植物的种子蕨和科达类。科学家称这一时期为“蕨类植物时代”。从晚石炭世到二叠纪，各类陆生植物极度繁茂，同时逐渐形成陆生植物地理分区。

种子蕨化石

在植物由海生进化到陆生的同时，动物也实现了由海生到陆生的飞跃。这又开始了陆生动物数量的最大化、陆生动物种群的最大化、陆生动物高级化的最大化，地球也就开始了陆生动物进化。

陆生植物数量最大化、种群最大化、高级化最大化的同时，与之密切关系的陆生动物，特别是昆虫大量繁育，也在数量最大化、种群最大化、高级化最大化，它们相互依存，相互制约，协同发展。

地球上最早的昆虫类，是最原始的无翅类型，最早的无翅类化石出现于泥盆纪。

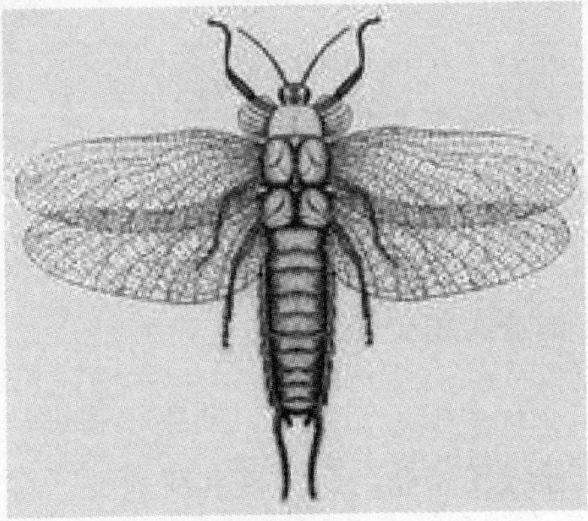
古网翅类昆虫

石炭纪出现了有翅昆虫，当时最繁盛的昆虫是现已绝灭的古网翅类。

二叠纪，直翅类昆虫明显缩小，许多现代类型的昆虫开始出现。

奥陶纪中期，出现了的异甲鱼，这是地球上最早的脊椎动物。这样，地球就开始了脊椎动物的数量最大化、种群最大化、高级化最大化的进化史。

异甲鱼化石

晚志留世，出现了从无颌类分化出来的最早具颌的棘鱼类和盾皮鱼类。

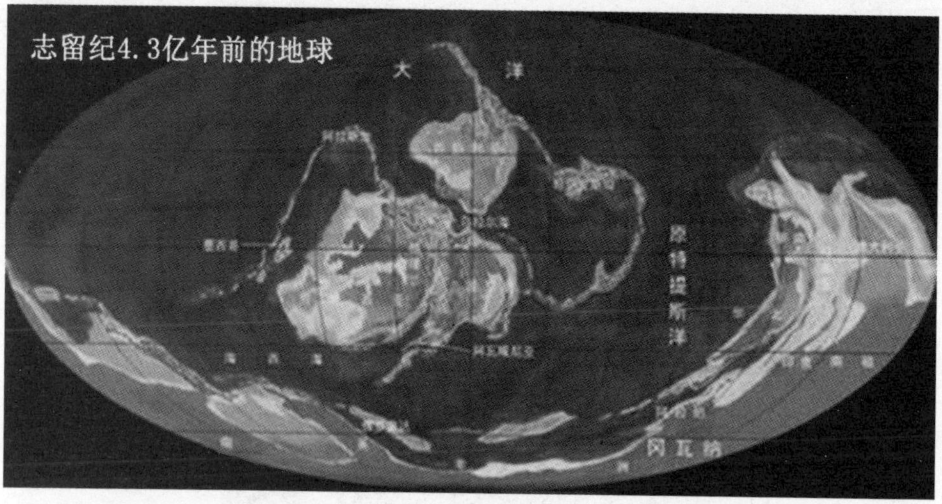

总鳍鱼类、肺鱼类和辐鳍鱼类，最早出现于晚志留世晚期，与棘鱼类有共同的祖先。

盾皮鱼类最早出现于晚志留世，一直生存到早石炭世，以泥盆纪最繁盛。

盾皮鱼化石

软骨鱼类出现于早泥盆世晚期。

泥盆纪最古老的鲨鱼（软骨鱼）化石

泥盆纪时鱼类极为繁盛，科学家故称之为“鱼类时代”。

从侏罗纪起，软骨鱼类出现了，如鲨鱼、鳐、银鲛。

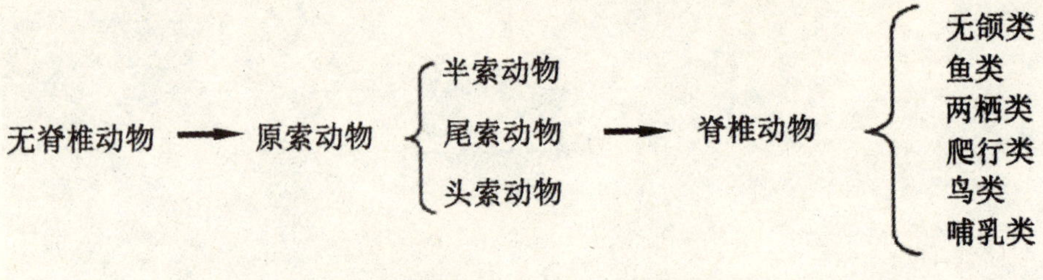

裸子植物在石炭、二叠纪时开始出现，开始了裸子植物数量最大化、种群最大化、高级化最大化。裸子植物最繁盛的时期，是中生代，科学家称中生代为“裸子植物时代”。

完美的巨型苏铁化石

中生代裸子植物以苏铁、本内苏铁和松柏类为主。北半球有较多的银杏类，南半球松柏类占优势。从蕨类植物进化到裸子植物，标志着陆生植物从孢子繁植进化为种子繁殖。

植物化石遗址：里面有银杏化石、水杉化石

裸子植物用种子繁殖，适于陆上生活和传播。裸子植物的数量最大化、种群最大化、高级化最大化，扩大了生存空间，形成了地球上的广大森林，为爬行动物的发展，提供了优良度最大化的生活环境。

总鳍鱼在晚泥盆世时登陆，是陆生脊椎动物的最早类型。总鳍鱼具有原始肺，肉质偶鳍可以在地上爬行。

骨鳞鱼（早期的总鳍鱼）

最早的两栖类，发现于格陵兰和北美晚泥盆世，是迷齿类鱼石螈，具明显的从总鳍鱼类向两栖类过渡的中间类型性质。

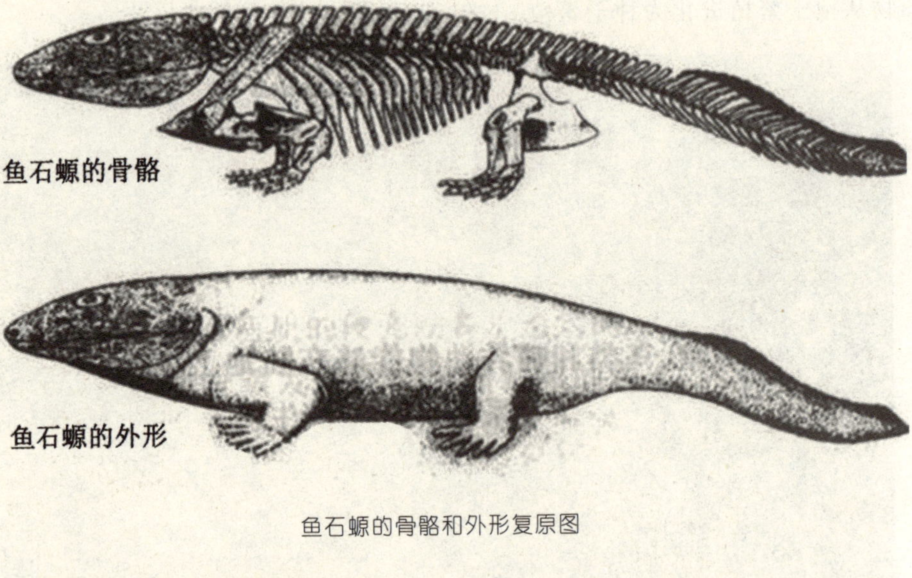

鱼石螈的骨骼和外形复原图

从两栖动物迷齿类演化出来的蜥螈形类，是爬行动物的祖先。经过长期演化，产生了能够适应干旱陆地环境的羊膜卵。于是，爬行动物诞生了。从两栖类水中产卵、水中受精发展到爬行动物的体内受精和产生羊膜卵，是脊椎动物演化史上的一次重大飞跃。

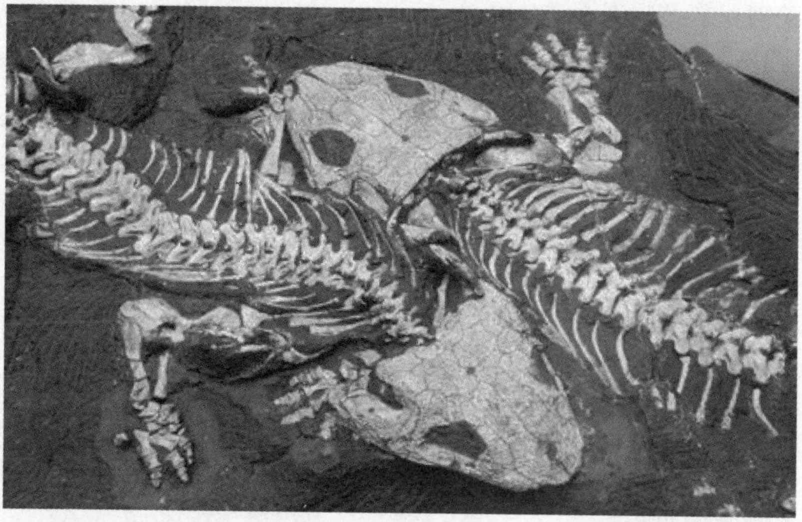

完整的蜥螈化石

石炭纪到二叠纪，两栖类最繁盛，科学家称之为“两栖动物时代”。这是地球爬行类动物数量最大化、种群最大化、高级化最大化的时代。这个时代残存下来的现代两栖类动物，有蝾螈、青蛙等。

在陆生爬行动物中，以恐龙为主要代表。恐龙是陆生爬行动物形体最大化的杰出代表。

恐龙最早出现于中三叠世，分蜥臀类和鸟臀类两大支系，是中生代占绝对优势的陆地脊椎动物。

陆生爬行动物数量最大化、种群最大化、高级化最大化的结果是，除绝大部分在陆地上生活外，其余部分，有的重返水域成为水生爬行动物（如三叠纪开始的鱼龙类、侏罗纪和白垩纪的蛇颈龙类），有的向空中发展成为飞翔的爬行动物（翼龙类）（如德国侏罗系中发现的喙嘴龙，靠前肢的两张翼膜飞翔）。

鱼龙化石

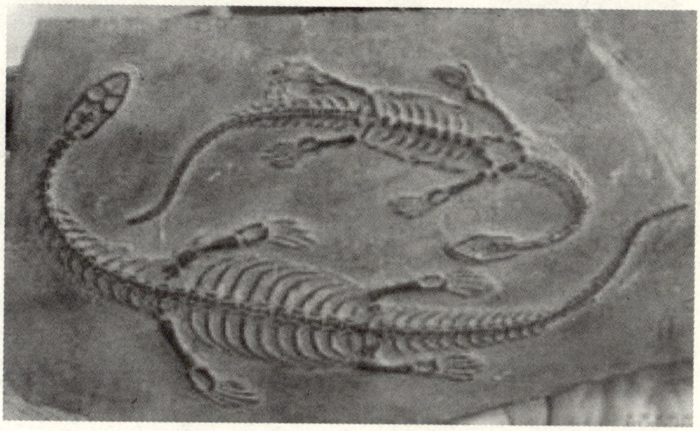

蛇颈龙化石

由喙嘴龙分化出的另一类飞翔爬行动物，叫翼指龙，主要生活在晚侏罗世到白垩纪。

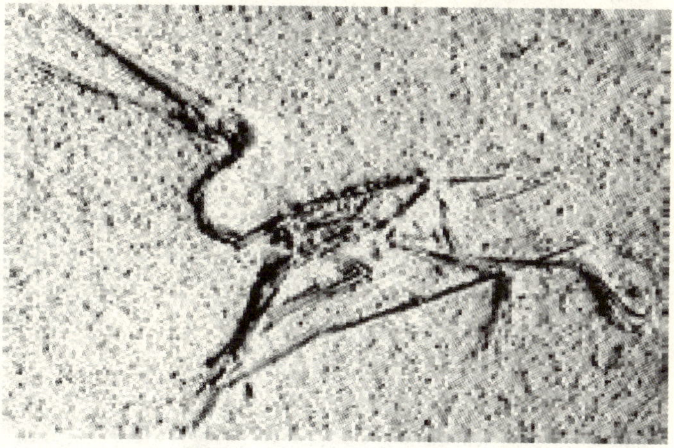

翼指龙化石

爬行动物是中生代地球上占绝对优势的脊椎动物，科学家称中生代为“爬行动物时代”“龙的时代”。

恐龙时代构想图

白垩纪末期，地球表面自然环境发生巨大变化，地球生态环境优良度最大化发生逆转，整个爬行动物大衰退，恐龙不能适应，开始数量最小化、种群最小化、高级化最小化，无论陆生的、水生的或飞翔的恐龙，到白垩纪末都相继绝灭了。

恐龙灭绝猜想图

中生代的爬行动物中，能够残留并延续至今天的，有喙头蜥类、鳄类、龟鳖类、蛇、蜥蜴。

古喙头蜥图

喙头蜥图（活化石）

现代喙头龙

鸟类是从爬行动物进化出来的一个物种。地球自从有了鸟类，就开始了鸟类的数量最大化、种群最大化、高级化最大化，这就是鸟类进化。

鸟类的脑和神经系统发达，心脏分隔完全，是恒温的脊椎动物。也就是说，鸟类是自身温度稳定度最大化的动物。这样，地球生物就从温度稳定度最大化，进化到了温度稳定度最大化；温度稳定度最小化的地球脊椎动物，进化到了温度稳定度最大化的鸟类。这是脊椎动物演化史上的一次重大飞跃。

鸟类体温稳定度最大化，相对稳定，不受外界气温的影响，这促进了鸟类对气候环境适应度的最大化，加速了鸟类地理分布范围的最大化。

鸟类最早的化石代表，是德国晚侏罗世的始祖鸟。始祖鸟是由爬行动物向鸟类过渡的中间类型，是鸟类的最早代表。

早期的鸟类化石

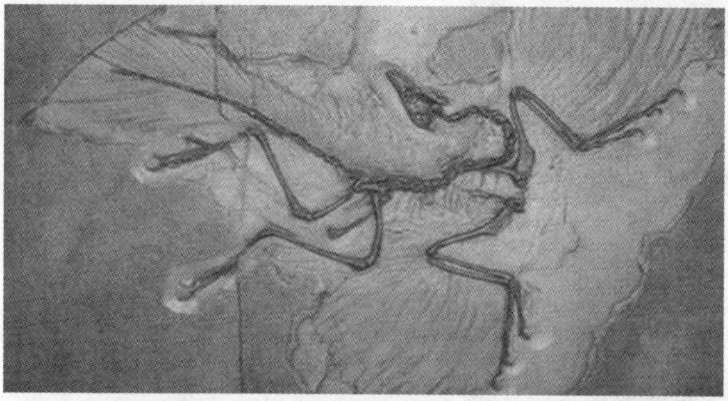

始祖鸟化石

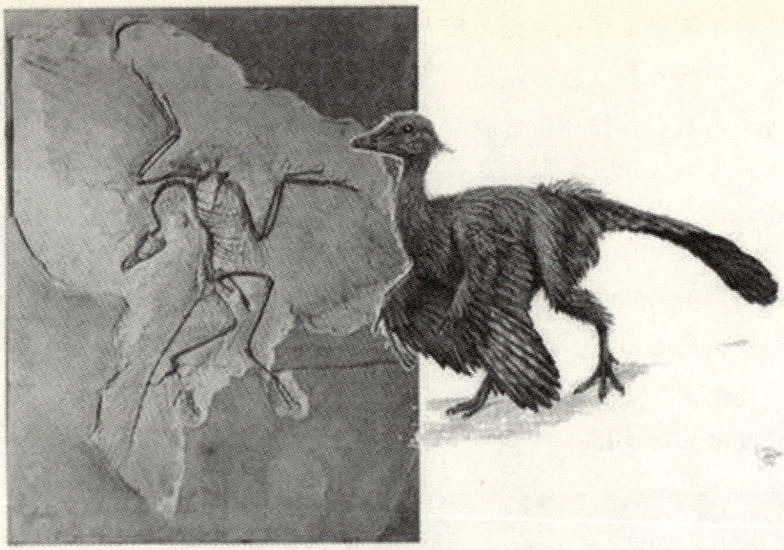

始祖鸟

1986年，在美国得克萨斯州发现三叠纪的鸟化石，被称为“原始的鸟”，比始祖鸟早，比始祖鸟更接近现代鸟类。

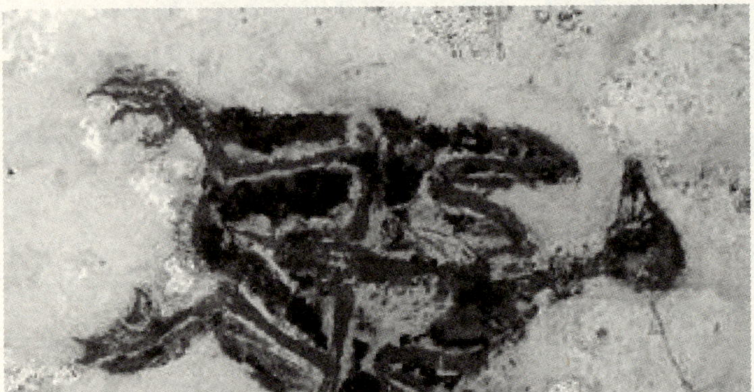

1986年在美国得克萨斯州发现的鸟化石

因此有人认为始祖鸟可能是鸟类系统演化中的一个旁支。有关鸟类的起源和早期发展有待深入研究。

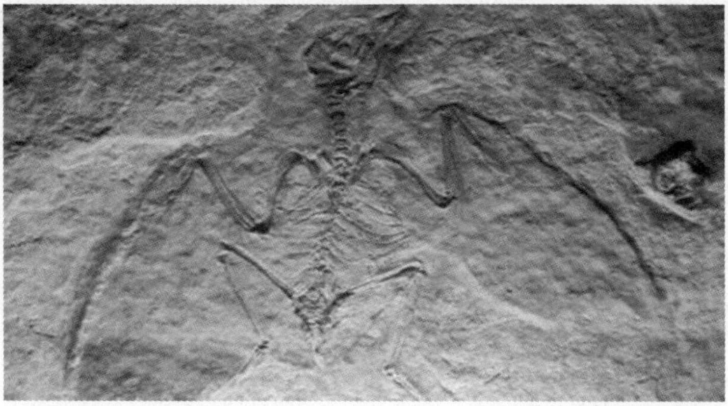
早期鸟化石

多个鸟化石

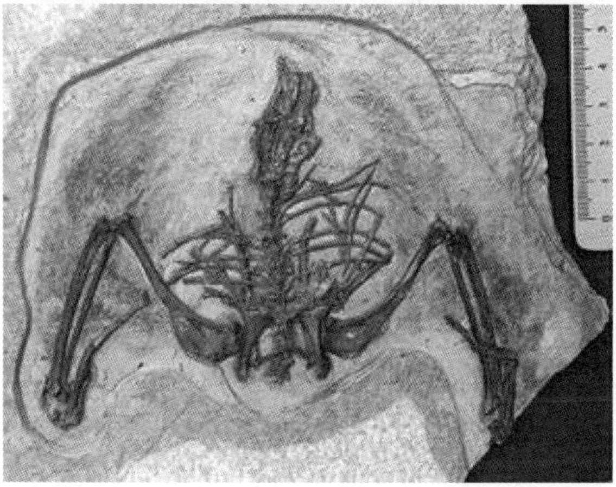
甘肃发现的 1 亿年前的鸟类化石

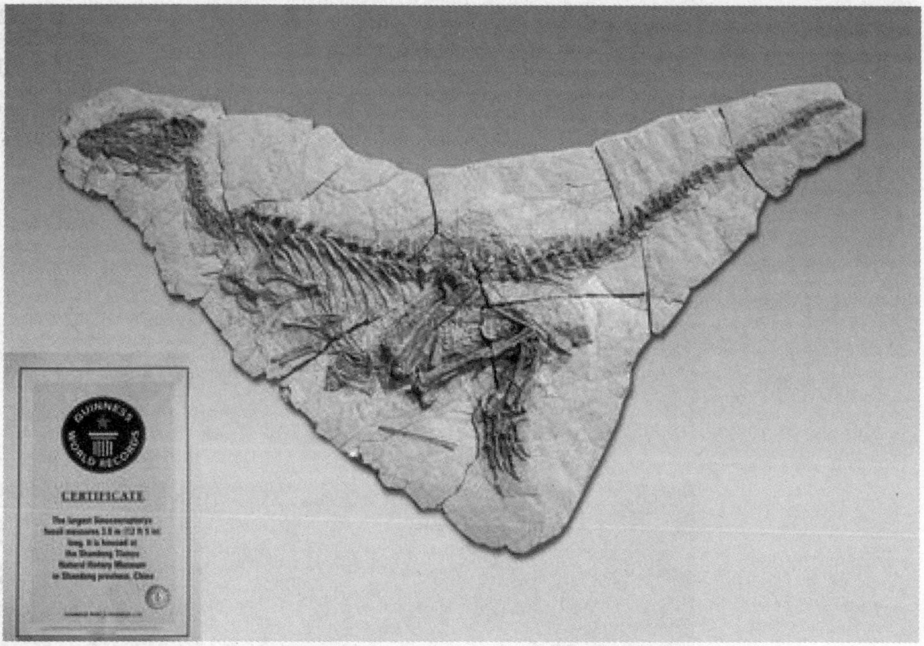

世界上最大的中华龙鸟化石

早白垩世晚期，出现了被子植物。于是，地球生物进化开始了裸子植物数量最大化、种群最大化、高级化最大化。被子植物高级化的最大化，高于裸子植物高级化的最大化，因此，被子植物的出现，会导致裸子植物数量最小化、种群最小化。

早期的真双子叶被子植物化石

中、晚白垩世，被子植物很快繁育起来，到了新生代时极为繁盛，代替了裸子植物，成为植物界中最高级的类群，开创了地球历史的被子植物时代。

被子植物有比裸子植物更进步的内部构造和完善的生殖器官，达到了地球植物结构和功能完整度最大化的顶端。所以，被子植物数量最大化、种群最大化、高级化最大化也以前所未有的规模和速度进行。

辽宁古果

可靠的最早被子植物化石，发现于我国辽西北票早白垩纪

被子植物开始出现于白垩纪早期的构想图

被子植物的发展速度的最大化和地理分布的最大化，迅速推高了为地球动物的食物资源的最大化，这大大促进了昆虫、鸟类和哺乳动物的数量最大化、种群最大化、高级化最大化。特别是为哺乳动物的数量最大化、种群最大化、高级化最大化奠定了坚实的物质条件。

最早的哺乳动物，是从三叠纪的似哺乳爬行动物中分化出来的。

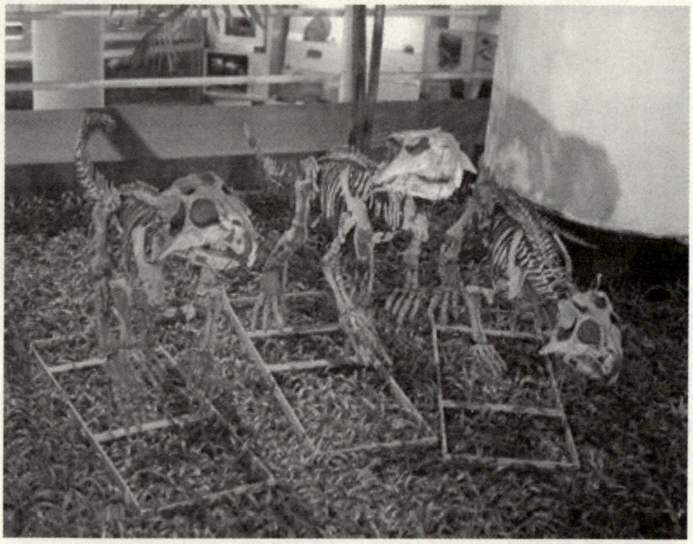

爬行动物的祖先：似哺乳爬行动物化石

被科学家们称为似哺乳爬行动物的化石

进入新生代，地球生物适存度的最大化，又更上一层楼。被子植物的数量最大化、种群最大化、高级化最大化、分布范围最大化、食物生产最大化，大大加速了哺乳动物的数量最大化、种群最大化、高级化最大化、分布范围最大化，使哺乳动物的进化得到了空前发展，哺乳动物取代了爬行动物，在地球上居于优势。

鸭嘴兽，是最原始的哺乳动物之一

哺乳动物是脊椎动物进化出来的又一恒温动物。

从爬行动物的变温、卵生，进化为哺乳动物的恒温、胎生和哺乳，以及高度发达的神经系统和感觉器官，是脊椎动物演化史上的又一个重大飞跃。这是地球脊椎动物功能高级化最大化的最高境界。

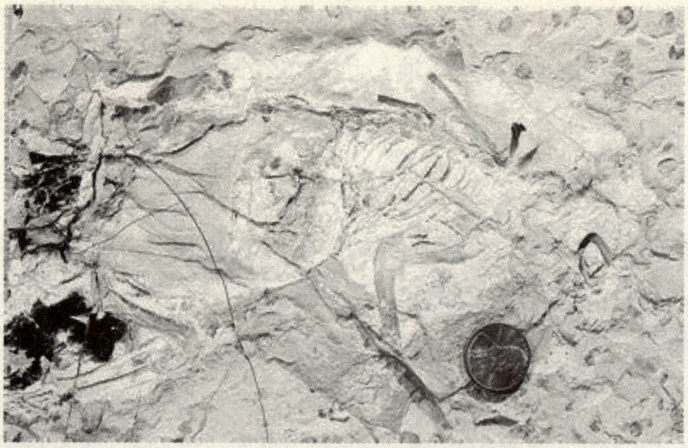

最原始的具毛发哺乳动物完整化石，图中有一硬币比较大小

中国发现的最原始的具毛发哺乳动物复原图

上图的动物化石，会演变为有袋类及胎盘哺乳动物

最原始的哺乳动物主要是食虫的。

地球上最原始的哺乳动物之一——食虫

白垩纪时，哺乳动物之有袋类，广泛分布于世界各大陆，第三纪繁盛于南美，而现代仅生活在澳大利亚。

澳大利亚袋鼠

哺乳动物之有胎盘类，是比有袋类更高等的哺乳动物。最早的有胎盘类，是白垩纪出现的小型食虫类。

世界上最早的有胎盘哺乳动物化石

有盘类哺乳动物，在新生代后数量最大化、种群最大化、高级化最大化、分布范围最大化，得到空前发展，分化、辐射出许多分支。

早期翼手类——食虫

有盘类哺乳动物的一支，是适合于飞行生活的翼手类和蝙蝠，这是从古新世一类树栖生活的食虫类演化而来的。

翼手类代表蝙蝠

有盘类哺乳动物的另一支，是适应于海洋生活的鲸类，保留了从陆生祖先继承来的肺呼吸。

大型动物鲸鱼

有盘类哺乳动物之啮齿类，包括现生的松鼠、河狸、家鼠等，是兽类中演化最成功的一类，无论在种类、数量、分布地区，在兽类中都占优势地位。

啮齿类动物松鼠

啮齿类动物美洲河狸

啮齿类动物家鼠

有盘类哺乳动物之食肉类，又分为古食肉类、新食肉类和鳍脚类。

古食肉类哺乳动物，大量辐射发生在古新世和始新世。

始新世末期新，新食肉类哺乳动物繁盛起来，如现生的猫、虎、狗等。

新食肉动物猫

新食肉动物虎

新食肉动物狗

新食肉类出现不久，海生鳍脚类哺乳动物（海狮、海豹、海象）也开始出现。

鳍脚类哺乳动物海狮

鳍脚类哺乳动物海豹

鳍脚类哺乳动物海象

古老的有蹄动物踝节类哺乳动物，是从原始食虫类演化而来的，由食虫进化到食草，是后来大多数有蹄动物，包括马、貘、犀等奇蹄类和猪、牛、羊等偶蹄类的共同祖先。

象的祖先应由早期的踝节类哺乳动物演化而来。最早的象，发现于北非晚始新世到早渐新世的始祖象，体形大小如猪，第二对门齿还没有形成象类特有的大门牙。

始祖象

古乳齿象，是始祖象的直接后裔，身体比始祖象增大了约一倍，上门牙长度最大化，第四纪开始多数绝灭，少数生活到早更新世。

古乳齿象

古乳齿象之铲齿象

真象类，是从乳齿象进化出来的，有剑齿象类、真象类。

重庆剑齿象复原图

根据甘肃发现的完整剑齿象化石复原图：黄河古象

中国甘肃早更新世的剑齿象化石，被命名为黄河古象。

中国的真象化石，有广泛分布于华北和东北晚更新世的猛犸象。

真　象

猛犸象复原图

猛犸象化石

象类演化趋势是个体体积最大化、鼻长最大化和象牙最大化。

今天，地球上残存的象，仅有非洲象和印度象。

非洲象

印度象

奇蹄类哺乳动物，主要代表是马。

马的最早代表，是始新世早期的始马，大小如现代的狐狸，前足有 4 个脚趾，后足有 5 个脚趾。

渐新世，出现了中马，前、后足只有 3 个脚趾，都着地。

始马和中马都生活在森林里。

中新世，出现了草原古马，前、后足都只有 3 个脚趾，只中间 1 个趾着地，两侧的已经退化。从草原古马开始，马类才进化到草原奔驰生活。

上新世，开始出现单趾马，命名为上新马。

第四纪，出现了现代马。

马类的演化趋势是，个体体积最大化，腿和脚长最大化，侧趾最小化，中趾强度最大化，前臼齿最大化，颊齿齿冠高度最大化。

偶蹄类哺乳动物，从始新世开始出现，经过渐新世、中新世和上新世大量发展，从更新世到现在，在食草动物中无论在种类上和数量上都占优势地位。

偶蹄类分为猪形类、骆驼类和反刍类。

猪形类哺乳动物，出现于始新世早期，都是些小形偶蹄类，如双锥齿兽、戈壁猪形兽。从渐新世到上新世体形最大化。

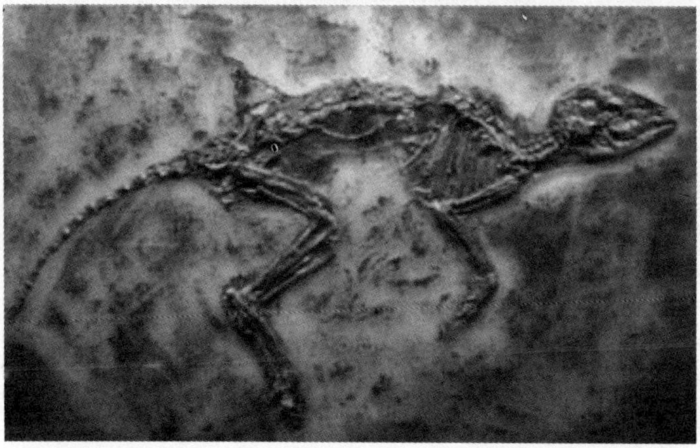

双锥齿兽化石

中国锥齿兽化石

戈壁猪形兽

更新世，出现了与现代野猪相似的猪。

现代野猪

骆驼，出现于始新世晚期，也是小形的偶蹄类。从始新世的始驼，经过渐新世的鹿驼，到中新世和上新世的原驼，一直发展到现代亚洲的真驼和南美的羊驼。

单峰驼（A）　双峰驼（B）

始　驼

原　驼

真　驼

羊　驼

大型驼鹿

反刍类哺乳动物，有鼷鹿、鹿、长颈鹿、牛、羊、羚羊等，它们消化系统复杂，能很好地加工和消化粗糙的草类。

鼷鹿，是最原始的反刍类。

鼷　鹿

在中国，发现的有中新世的皇冠鹿、上新世的上新鹿、更新世的四不像鹿、大角鹿等。

皇冠鹿

四不像鹿

大角鹿

南非长颈鹿

牛

羊

羚 羊

哺乳动物高级化最大化的最高境界，是灵长类哺乳动物的出现。

灵长类哺乳动物，进化除了一套独特的感觉器，把触觉、味觉、听觉、色觉和立体视觉感受到的各种信息输入脑中。灵长类哺乳动物的大脑，接收外界的信息与日俱增，进化到能够把各种信息分类排比，最终产生了智力的进化。这样的智慧，任何其他动物都没有。也就是说，灵长类哺乳动物的出现，开始了地球动物智力成长的最大化进程。

灵长类哺乳动物的祖先，是食虫类哺乳动物动物。

灵长类哺乳动物出现后，灵长类哺乳动物数量最大化、种群最大化、高级化最大化、智能最大化，也开始了，这是灵长类哺乳动物的进化。

最早的灵长类哺乳动物，是欧洲和北美的近猴类哺乳动物，它们的化石多发现于古新世地层。

原　猴

始新世，狐猴类哺乳动物开始出现，早期的都归入已绝灭的兔猴科，亚洲、北美、欧洲都有发现。

狐 猴

现在的狐猴，只分布于马达加斯加岛和科摩罗群岛。

獭猴（瘦猴），现代只生存于东南亚和南亚、非洲撒哈拉以南的热带地区，化石发现于东非的中新世地层。

獭 猴

眼镜猴类化石，发现稍多，从始新世起，发现于欧、亚、北美等地。

眼镜猴

近猴、狐猴、眼镜猴类，常通称为原猴类或低等灵长类哺乳动物。

低等灵长类哺乳动物，其高级化的最大化、智能最大化，使其进化出了高等灵长类哺乳动物。

高等灵长类哺乳动物，包括分布于南美的阔鼻猴类和分布于旧大陆的狭鼻猴类。

阔鼻猴

阔鼻猴之金丝猴

狭鼻猴类，有猴类、猿类和人类。

狭鼻猴

人类，在动物界中的近亲是类人猿（简称猿）。

现代的类人猿，有长臂猿、猩猩、大猩猩和黑猩猩。

长臂猿

猩 猩

大猩猩

黑猩猩

类人猿无论在外貌和面部表情上，还是身体内部的结构上都与人相似。也就是说，类人猿是与人相似度最大化的哺乳动物。

从上我们可以看出，类人猿中，黑猩猩与人最接近，与人相似度最大化。

从猿到人，经过森林古猿、腊玛古猿、南方古猿、人，共 4 个阶段。

森林古猿，出现在渐新世晚期、中新世中期，繁荣于欧、亚、非洲大陆，是现生各种猿类的祖先。森林古猿数量最大化、种群最大化、高级化最大化、智能最大化不断继续，似人度最大化也不断继续。

森林古猿

腊玛古猿，约在 1 500 万年前，由一种森林古猿演化而来，生存在距今 1 500 万～800 万年前。腊玛古猿的化石，在印度西瓦立克山，在非洲、欧洲和中国云南，均有发现。腊玛古猿是从猿到人过渡阶段的早期代表，是最早的人科成员。腊玛古猿似人度的最大化基本完成，再往前一步，就是古人。

腊玛古猿

南方古猿，大约生存于距今 300 万～100 万年前，其原始类型可能是从猿到人的过渡阶段晚期的代表。南方古猿的似人度的最大化，完全完成，再往前一步，就是现代人。

南方古猿

由南方古猿再进一步发展成现代人类。

在从猿到人的进化过程中，劳动起着至关重要的作用。

人类进化的过程一般分为4个阶段：早期猿人、晚期猿人、早期智人、晚期智人。

早期猿人，出现于更新世早期，以坦桑尼亚距今175万年的“能人”为代表。这一时期的猿人，已具人的基本特点，但还有许多原始性，能直立行走，还能制造简单的砾石工具，外貌像猿，脑量达700毫升，比现代猿大。

早期猿人之能人

晚期猿人，出现于更新世中期，以北京猿人、爪哇猿人为代表。与北京猿人大致同时的，还有蓝田猿人、海德堡人。这一时期的猿人，身体像人，脑颅像猿，脑量较大，在 715 至 1 225 毫升之间，直立行走的姿势与现代人接近。它们在文化上，能制造较进步的石器，并开始用天然火，比早期猿人分布范围更广泛。

晚期猿人之北京猿人

陕西出土的蓝田人，距今80万年

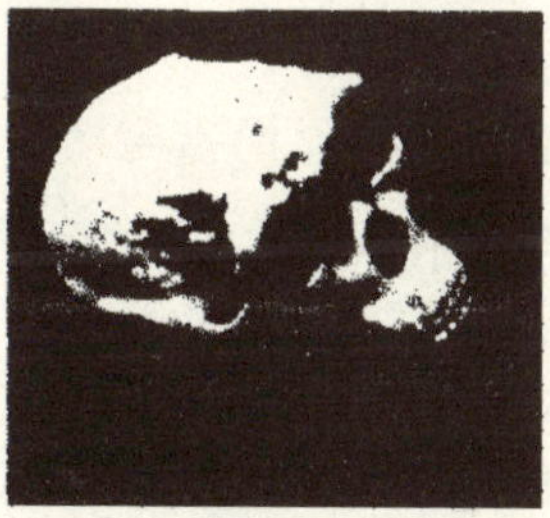

蓝田猿人塑像

蓝田猿人复原头骨

晚期猿人之蓝田猿人

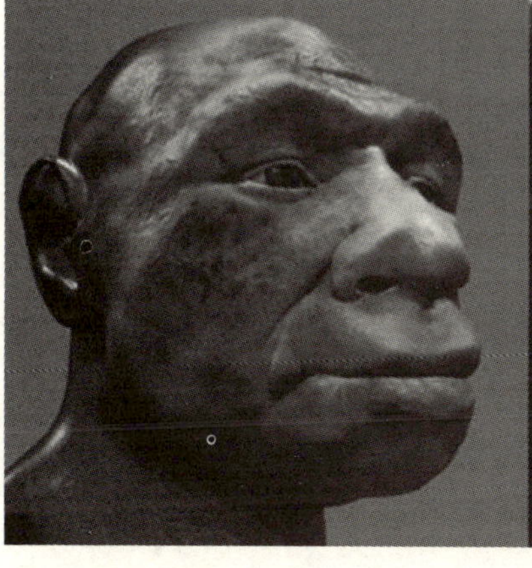

晚期猿人之海德堡人

早期智人，也叫古人，生存于距今 10 万 ~ 20 万年至 5 万年前，广泛分布于亚洲、非洲、欧洲，以德国的尼安德特人为代表。中国发现的古人化石，有广东的马坝人、湖北的长阳人、山西的丁村人。古人的脑量，已达现代人的水平，他们制造石器，靠渔猎生活，能人工取火。丁村人在石器打制技术上，比北京猿人有了显著提高，加工更加精细。

早期智人之德国尼安德特人

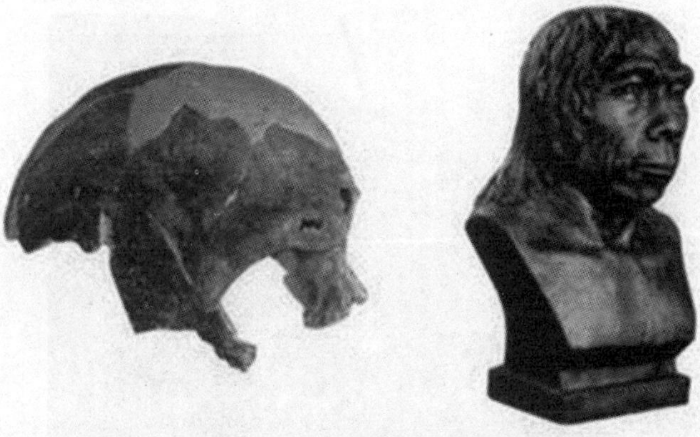

马坝人的头骨化石和复原像

早期智人之广东韶关马坝人

早期智人之湖北长阳人

早期智人之山西丁村人

晚期智人，也叫新人，出现于近 5 万年内，以法国的克罗马农人为代表。

原上猿　腊玛古猿　南方古猿　直立猿人　尼安德特人　克罗马农人

晚期智人在中国，有北京周口店的山顶洞人、内蒙古的河套人、广西的柳江人、四川的资阳人。新人在形态上非常像现代人，在文化上有雕刻与绘画的艺术，出现了装饰品。

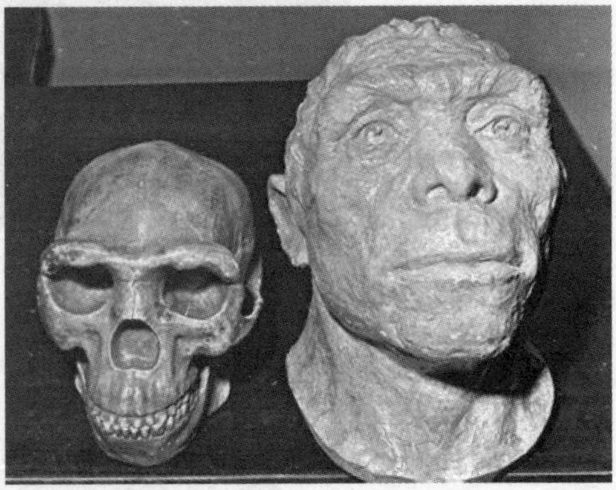

晚期智人之北京周口店的山顶洞人

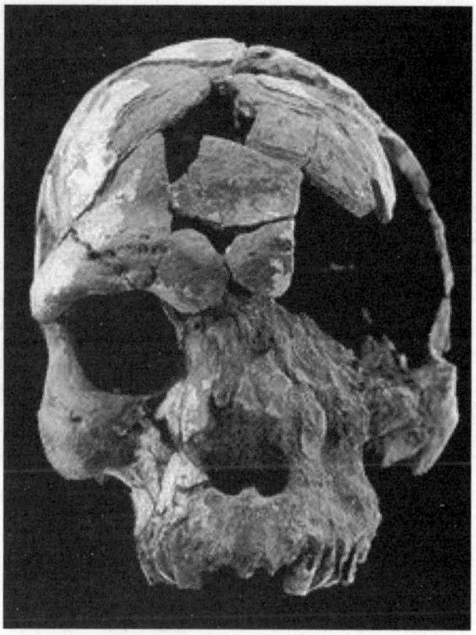

晚期智人之内蒙古的河套人

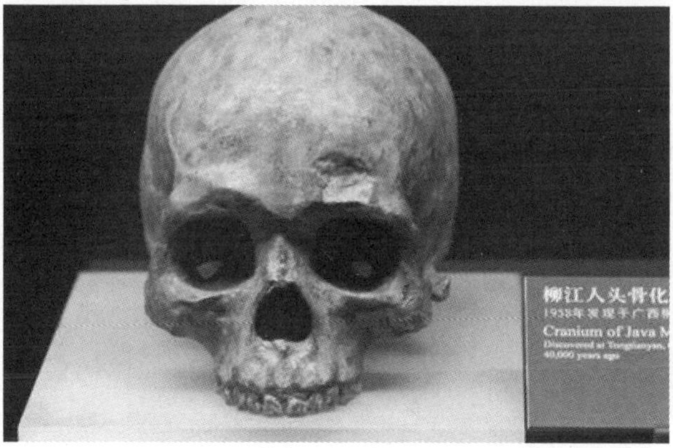

晚期智人之广西的柳江人

新人出现后，数量最大化、种类最大化、扩张速度最大化，新人分布范围，比古人更广泛。新人化石不仅发现于亚洲、欧洲、非洲的广大地区，在大洋洲和美洲也有发现。在新人阶段，现代人种包括黄种、白种、黑种和棕种，开始分化和形成，广泛分布于世界各地。柳江人是现代黄种人的祖先，克罗马农人是现代欧洲白种人的祖先。

晚期智人之四川的资阳人

从宇宙的元素进化到化学进化，从无机物化学进化到有机物化学进化，从化学进化到生物进化，从原核类生物到真核类生物、从单细胞类生物到多细胞类生物、从多细胞类生物到无脊椎动物、从无脊椎动物到脊椎动物，从海洋脊椎动物到陆生脊椎动物，从两栖动物到爬行动物，从海洋植物到陆生植物，从藻类植物到蕨类植物、从蕨类植物到裸子植物、从裸子植物到被子植物，从爬行动物到哺乳动物、从哺乳动物到人，并进化到今天，所有的一切，都是我们的宇宙、我们的太阳系、我们的地球、我们的生态系统、地球生物进化等各种各样的最大化、最小化的综合结果。

十一、以最大化、最小化的视野看原始社会

地球生物进化，从猿到人，原始社会就产生了。

在原始社会，生态环境能够维系的生存人口最小化，能够获取的生活物资数量最小化，人们改造自然的力量最小化，经济生活差异度最小化。原始部落以亲族关系为基础，以母系社会为前提，人口很少，经济生活采取平均主义分配办法。

原始部落对社会的控制，血缘关系最大化，靠传统和家长来维系，传统、家长、族长的威信最大化。

秘鲁马丘比丘附近原始部落

在典型的原始社会里，社会地位差异度最小化：没有专职的领袖，年龄与性别相同的人具有同等社会地位。

原始部落里，传统力量最大化，人们如有争执就按照传统准则进行调停，人们普遍遵守这些准则。

原始社会，人类族群存在形式多样性最小化。世界各地都有过原始部落，形式不多，有的以狩猎和采集经济为主，有的以渔业为主，有的以简单的自然农业为主。

有些原始部落保持平均主义的性质，平均主义最大化，生活差异度最小化。

有的原始部落逐步变成等级制度的社会，并进而发展成为酋长领地，平均主义最小化，生活差异度最大化。

原始社会是人类社会发展的第一阶段，世界各个民族基本都经历过原始社会。

在原始社会，生产能力最小化，生产资料公有制最大化。原始社会人类生产力水平很低，生产资料都是公有制的。

后来，随着生产力发展前景的最大化，生产力水平提高，出现产品剩余，生活平均主义最大化遭到了破坏，社会财富共有度开始最小化，就出现了贫富分化和私有制，原先的共同分配和共同劳动的关系被破坏，而由剥削与被剥削的关系所代替，人们社会地位、社会生活差异度最大化开始。

元谋人，是已知的中国境内最早的人类原始部落。

北京人，是原始人群时期的典型原始部落。

山顶洞人，过着氏族公社的生活。

长江流域的河姆渡氏族、黄河流域的半坡氏族，是母系氏族公社原始部落。母系氏族，是原始部落母系血缘关系的最大化、父系血缘关系的最小化。

半坡、河姆渡原始农耕生活简表

原始居民	时间	地点	原始农耕	原始家畜饲养业	手工业、建筑	社会组织
河姆渡原始居民	距今约7 000多年	浙江余姚	世界上最早种植水稻	饲养猪、狗、水牛等	烧制黑陶、干栏式建筑	氏族
半坡原始居民	距今约5 000多年	陕西西安	世界上最早种植粟和蔬菜	饲养猪、狗、牛、马、羊、鸡	烧制彩陶、半地穴式建筑	

大汶口文化的中晚期，反映的是父系氏族公社原始部落。父系氏族，是原始部落父系血缘关系的最大化、母系血缘关系的最小化。

人类的原始社会经历了旧石器时代、中石器时代、新石器时代。

新石器时代，母系氏族全最大化达到了全盛化，群婚开始了最小化，对偶婚开始了最大化。婚姻制度由群婚转向对偶婚，夫妻关系稳定度开始了最大化。在氏族内部，除个人常用的工具外，所有的财产归集体公有，财产公有最大化。威望最大化的年长妇女担任首领，氏族权力最大化的机关是氏族议事会，参加者是全体的成年男女，享有平等最大化的表决权。

传说中的黄帝,是 4 000 多年前生活在黄河流域原始部落的部落联盟首领。黄帝是各部落向心力的最大化。

黄帝像

皇帝提倡种植五谷，驯养牲畜，这开始了原始部落自养能力的最大化，使部落联盟逐步强大。

皇帝曾率领自己的部落，打败黄河上游的炎帝部落和南方的蚩尤部落。这大大加强了黄帝向心力的最大化。之后炎帝部落与黄帝部落结成联盟，在黄河流域长期生活、繁衍，这成了华夏族群的主干成分。

炎帝（远古）

兵器初祖——蚩尤

黄帝被尊奉为华夏族群的祖先，这是黄帝向心力最大化的顶点。

黄帝以后，黄河流域部落联盟的杰出首领，先后有尧、舜、禹。这些部落联盟首领，由推选产生。

尧老了，召开部落联盟会议，大家推举有才有德的舜为继承人。尧死后，舜继承了尧的位置。向心力最大化的位子，禅让给才德最大化的人。

舜耕历山

舜老了，也采取同样的办法，把位置让给治水有功的禹。

大禹治水图

随着生产的发展，原始部落的产品出现了剩余，集体劳动开始了最小化，个体劳动开始了最大化，产品私有最大化开始了，族群成员分异最大化开始了，随之也出现了阶级。阶级是人类生产能力开始最大化、公有制开始最小化、族群平等失去最大化、族群分异开始最大化的必然结果。

原始社会末期，随着血缘关系最小化，以血缘关系结成的氏族开始破裂，一些氏族成员脱离自己的氏族，到别处和与他们没有血缘关系的人们杂居，同时氏族也不断接纳外来人，氏族杂居最大化开始了，于是出现了按地域划分的原始部落氏族公社。于是，人类区域杂居、定居最大化开始了，人群血缘关系最小化起步了。

后来，原始部落氏族中出现了贵族阶层和平民阶层。于是，阶层最大化开始了，氏族成员平等最大化结束了，原始社会事实上就解体了。

十二、以最大化、最小化的视野看奴隶社会

原始部落瓦解后，出现了人剥削人的现象，社会成员之间共产度最小化、私有度最大化，社会成员社会地位平均度最小化、分异度最大化，最终导致出现奴隶主阶级和奴隶阶级。

原始社会末期，由于社会生产力发展、社会分工发展开始了最大化，劳动生产率也开始了最大化，使得劳动者生产的剩余产品开始了最大化，从而使奴役他人变为有利可图的事也开始了最大化。在这种情况下，出现了人类历史上社会成员分异度最大化的第一个人剥削人的形式，即奴隶占有制。

奴隶主占有奴隶的人身，实行超经济奴役。奴隶主人权最大化，奴隶人权最小化。在奴隶社会中，奴隶主阶级在经济、上层建筑的地位最大化，奴隶阶级在经济、上层建筑的地位最小化。

被奴隶主自由贩卖的性奴

奴隶主视奴隶为自己的财产，可以自由买卖，可强迫奴隶工作。奴隶的劳力活动须以奴隶为主，无报酬和人身自由。奴隶主生存权利最大化，奴隶生存权利最小化。

奴隶主殴打奴隶

奴隶占有制，是奴隶社会最大化的生产方式，决定着整个奴隶社会的基本发展方向。

奴隶社会，最早出现于埃及、西亚、中国和印度，继而在希腊和意大利等地出现。

埃及法老与他的奴隶们

人权最大化的第一批人，也就是最早的奴隶主，是原始社会内部分化出来的氏族贵族。

奴隶主贵族

人权最小化的第一批人，也就是最早的奴隶，是氏族部落战争中被俘虏的外族人。

奴　隶

随着人权分异度的最大化、人权平均度的最小化，原始社会存在的必然性最小化了，氏族部落内部贫富分化最大化得到了推进，富裕的氏族贵族对贫困的氏族成员的奴役度最大化也不断推进，债务奴役的数量、程度也开始了最大化，无力还债的贫困氏族成员往往被债主卖到其他氏族部落充当奴隶。另外，惩罚罪犯、海盗掠夺、拐卖人口、奴隶买卖、家生奴隶等，也让奴隶来源最大化了。

拍卖奴隶

随着奴隶与奴隶主之间人权分异度的最大化，两大阶级的矛盾和斗争程度也最大化了，于是，作为奴隶主阶级人权最大化代表奴隶制国家，也就应运而生。奴隶阶级在奴隶制国家面前，人权最小化的极端程度，则无以复加。奴隶制国家，就是奴隶主镇压奴隶和其他被剥削者的工具，依靠奴隶制国家，奴隶主阶级的特权最大化也到了无以复加的地步，与此同时，奴隶和其他社会成员的人权则最小化到了无以复加的地步。

奴隶制国家元老

在人类历史上，最早在亚洲、非洲和欧洲出现的国家，都是奴隶制国家。

在奴隶社会，社会成员被分为自由民和奴隶两部分。自由民的自由度最大化，奴隶的束缚度最大化、自由度最小化。

- 阶级的产生
  - 时间：原始社会后期
  - 根本原因：生产力的发展
  - 条件
    - 剩余产品→可能
    - 私有制、贫富分化→现实
  - 第一次形成的两大对立阶级
    - 奴隶阶级
      - 战俘→主要来源
      - 穷人→重要来源
    - 奴隶主阶级→氏族首领
  - 表明：阶级的产生与生产的发展密切相关

奴隶社会的自由民，分为两部分，占有奴隶的奴隶主、不占有奴隶的自力谋生的劳动者。

奴隶内部，也分为若干集团。

在自由民与奴隶之间，存在着许多过渡性阶层。

在自由民内部，有的是面临沦为奴隶危险的平民，存在与奴隶主贵族的斗争。

在自由民与奴隶之间，在奴隶占有制国家与被奴役的外邦人、臣民之间，存在着明显的对立。

美洲的奴隶

奴隶占有制社会是人类社会的巨大进步，它使原始社会氏族部落关系的狭隘性最小化，从而有利于社会生产规模的最大化，有利于体力劳动和脑力劳动分工发展的最大化，为整个人类物质文明、精神文化发展的最大化创造了条件。在此次历史变革中，奴隶主的利益得到了最大化，摆脱了繁重的体力劳动，从事脑力劳动或者不参加劳动。当然，奴隶在人权最小化的同时，奴隶也得到了一些利益：某些战俘奴隶避免了战败被杀的命运，同时生活水平要比蛮荒时代有所提高。

奴隶战俘

在奴隶社会，奴隶反抗奴隶主的斗争，被奴役的民族部落反抗征服者的斗争，其斗争形式高级化的最大化表现，往往是大规模的武装起义。

奴隶反抗奴隶主的方式最小化，是更为经常的消极怠工、逃亡、破坏生产工具或杀死个别穷凶极恶的奴隶主。

在奴隶社会，在反抗奴隶主剥削和奴役的斗争规模最大化的过程中，奴隶有时与自由平民联合行动。

随着劳动工具改善的最大化、生产技能积累的最大化、劳动分工发展的最大化，奴隶占有制的生产关系与社会生产力的进一步发展的矛盾激烈程度也最大化，奴隶占有制存在的必然性开始了最小化。

随着部分奴隶主土地占有的最大化，奴隶占有最大化开始让位于土地占有最大化。在奴隶社会末期，出现了一批由奴隶主阶级中产生的大土地所有者，各奴隶占有制国家通过长期的不同形式的革命性变革，逐步走上了封建化的道路，大土地所有者演变为封建主，奴隶和自由民转化为农奴。

农　奴

随着奴隶占有制最大化结束，封建土地占有制最大化开始，以剥削农奴为主的封建生产方式，逐渐取代了奴隶占有制为主导的生产方式。奴隶数量最大化结束，农民数量最大化开始。

夏、商、周、春秋时期，是中国奴隶社会时期。

夏朝，是中国奴隶社会形成时期。奴隶制建立后，王位世袭制取代了禅让制。

夏朝都城的宫殿复原图

夏朝的都城位于河南偃师二里头。二里头的遗址占地 300 万平方米，相当于现在 400 多个足球场。其中有宫殿区、居住区和生产区以及葬地等。宫殿的规模很大，这是其中一座宫殿的复原图

商朝，是中国奴隶社会的发展时期，这一时期，中国社会的奴隶制完整度开始最大化。奴隶制政治制度、国家机器完善度进一步最大化，出现了残酷的刑法、"人牲"和"殉葬"。

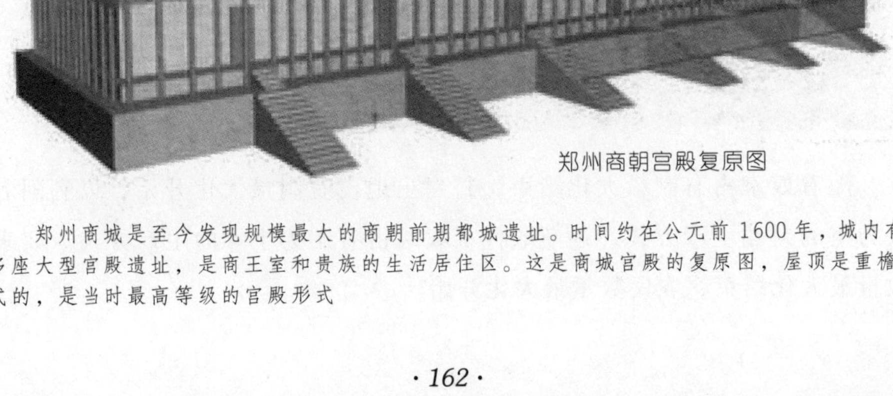

郑州商朝宫殿复原图

郑州商城是至今发现规模最大的商朝前期都城遗址。时间约在公元前 1600 年，城内有多座大型宫殿遗址，是商王室和贵族的生活居住区。这是商城宫殿的复原图，屋顶是重檐式的，是当时最高等级的宫殿形式

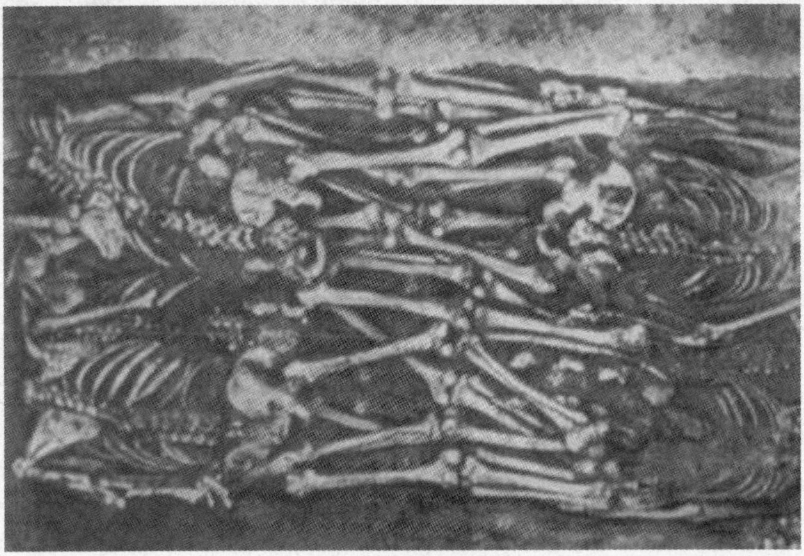

商朝奴隶殉葬现象

西周，是中国奴隶社会的繁荣时期，这一时期，中国社会的奴隶制完整度最大化到了极点，奴隶社会的各种制度渐趋完善。井田制和分封制，在西周时期完善度最大化结束。

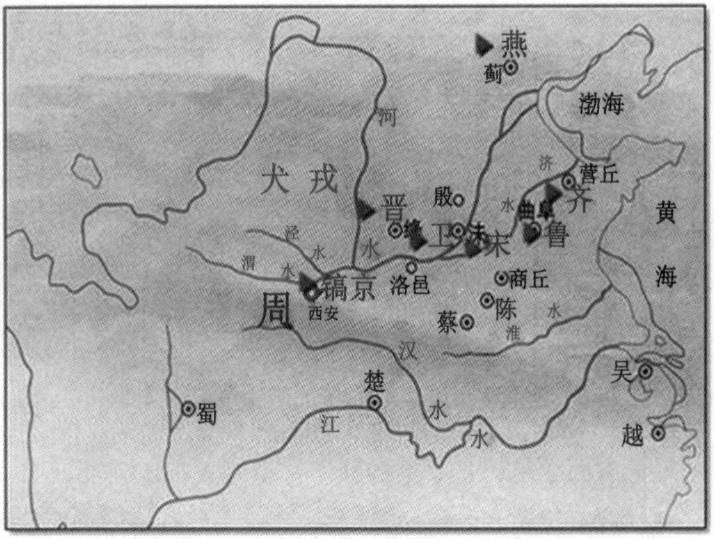

西周分封

西周有奴隶殉葬的车马坑

春秋时期，是中国奴隶社会的瓦解时期，这一时期，中国社会的奴隶制完整度开始最小化，争霸战争和霸主政治开始了最大化，井田制瓦解，土地所有制开始发生变迁。

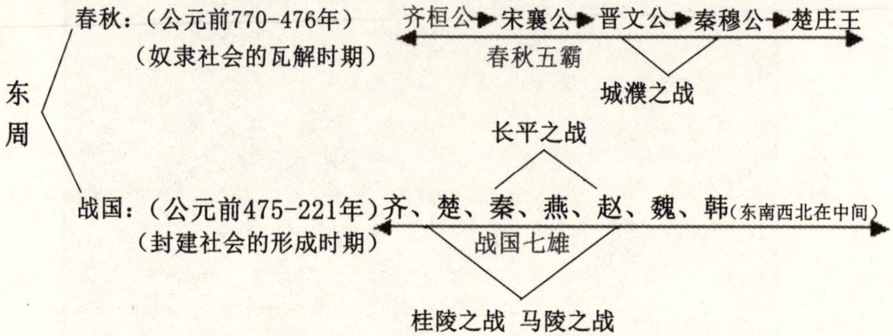

两千多年前的罗马，是奴隶制社会。罗马人征服别的国家，就把当地的居民变成奴隶。

古罗马帝国遗址

在罗马奴隶制时代，奴隶被称为“会说话的工具”，奴隶是主人的财产、商品，奴隶没有任何权利，连自己的子女也属于主人。奴隶不受法律保护，奴隶主可以任意宰杀自己的奴隶。罗马奴隶主与罗马奴隶，奴隶主的特权最大化到极点，奴隶的人权最小化为零，人权差异度最大化到了无以复加的地步。

奴隶角斗士在悲情最大化地相互拼杀

在罗马奴隶制时期，奴隶主让奴隶戴着脚镣做各种苦役，把最强壮最骁勇的挑出来做角斗士，放在斗兽场里强迫他们同野兽打斗或互相攻杀，供自己娱乐。奴隶的劳动、生活悲惨度最大化到了极点，而奴隶主的生活、娱乐的变态程度则最大化到了极点。

剩下最后一名奴隶的角斗场，而奴隶主贵族们得到了最大化的娱乐

罗马角斗，极其野蛮残忍，结果是：角斗士全部死亡，或留下最后一人。残忍度最大化的阶级统治，必然会产生激烈度最大化的阶级反抗。斯巴达克思起义，就是罗马规模最大化的奴隶起义。

奴隶起义战场拼杀

斯巴达克思起义，使罗马奴隶制存在的合理性开始了最小化，加速了罗马奴隶制的灭亡。

十三、以最大化、最小化的视野看封建社会

根据历史唯物主义，生产力是人类社会发展的决定因素，封建社会是生产力发展的必然结果，是取代奴隶社会、孕育资本主义社会的必然阶段。劳动者人权最小化的状态，在封建社会结束，劳动者人权最大化的时代开始了。

封建帝王

封建社会，是一种实行封建制度的社会状态，这是土地对人的束缚力最大化的时代。

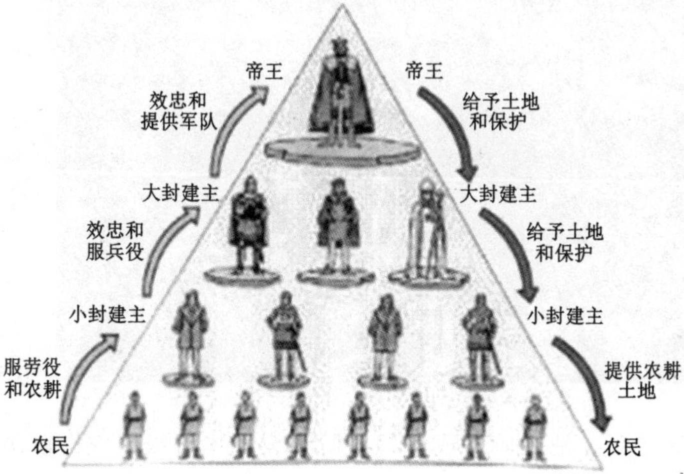

在封建社会，地主或领主占有土地，剥削农民或农奴。地主或领主，占有土地最大化，其权利和权力最大化；农民或农奴，占有土地最小化，其权利和权力也最小化。

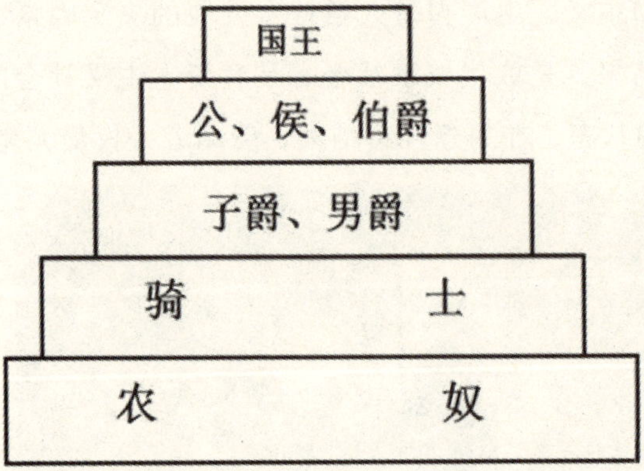

在封建社会，由共主或中央王朝给王室成员、王族和功臣分封领地，根据土地形成各种特权阶层，特权阶层与土地占有的相关性最大化。

农民交租

在封建社会，地主阶级成为统治阶级，地主阶级与农民阶级之间的矛盾是封建社会的主要矛盾。

农民的理想

在封建社会，地主阶级土地占有最大化，农民阶级土地占有最小化，两个阶级的矛盾斗争在土地争夺方面激烈程度最大化。

勤劳而贫苦的农民

封建社会形成的自然经济，以土地为基础，农业与手工业结合，以家庭为生产单位，具有自我封闭性、独立性，以满足自身需要。

田园诗——理想的农家生活

在封建社会，独立劳动最大化，联合劳动最小化。

男耕女织

封建社会在西方，特指西欧的中世纪。

在封建社会，地主阶级统治其他阶级的根本，就是封建土地所有制。在封建社会，无论是统治阶级，还是被统治阶级，其经济社会地位与土地占有的相关性最大化。

地主阶级通过掌握土地这一生产资料，对使用土地的农民通过榨取地租、放高利贷等手段剥削其他阶级。

封建土地所有制的形式，不尽相同，有契约租赁、缴纳地租、雇用佃户等方式，其本质是剥削与被剥削的关系，这是封建社会作为一个阶级社会的本质。

中国封建社会在经济上，私人土地所有制主导地位最大化。

未央宫复原图

中国封建社会在政治文化上，中央集权专制制度最大化。

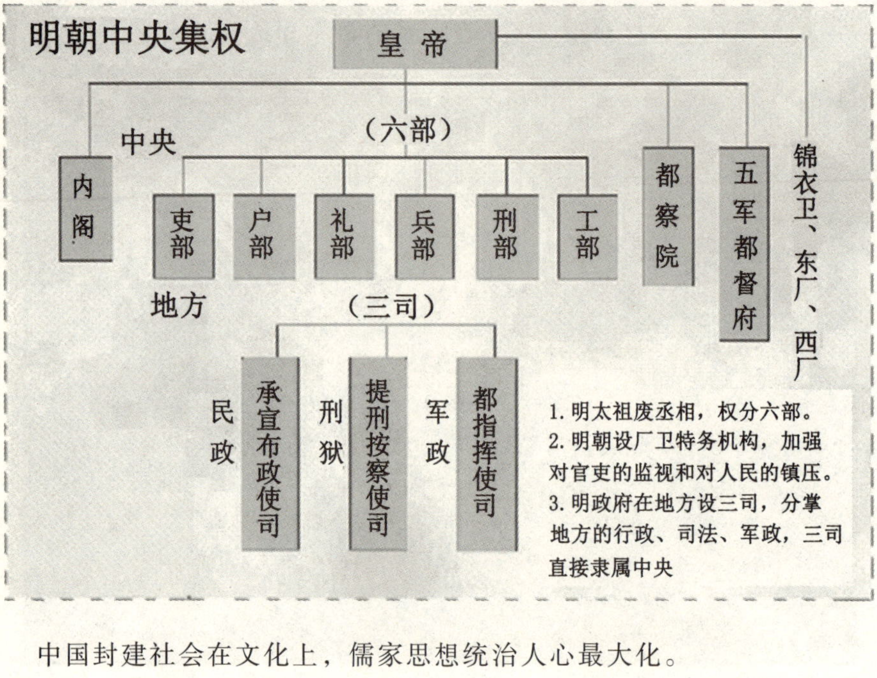

中国封建社会在文化上，儒家思想统治人心最大化。

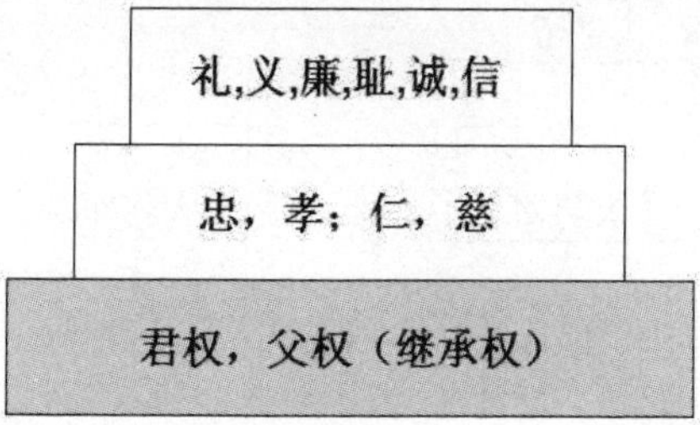

中国封建社会在社会结构上，族权与政权相结合的宗法等级制度最大化。

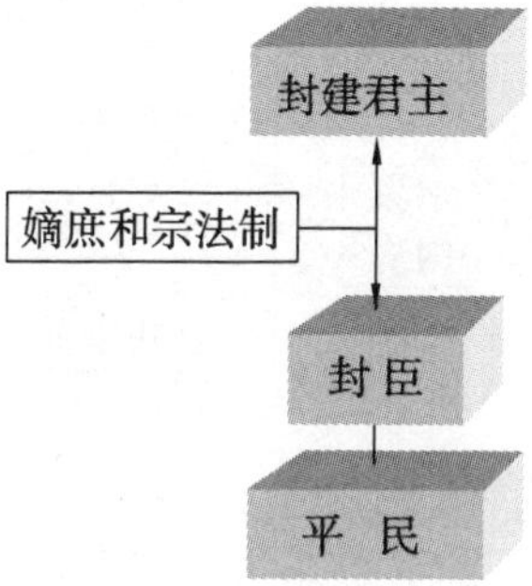

中国传统社会的封建二重结构

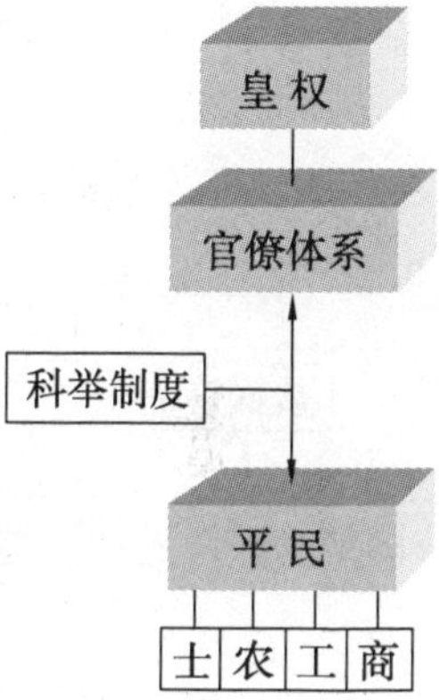

中国传统社会的官民二重结构

在中国盛行分封制的时期，是秦始皇建立中央集权制之前的时期，尤其是西周时期，周武王灭商以后，周天子分封天下，那时诸侯小国林立，一个面积几平方公里的小国，其统治者被周天子分封为君。

封邦建国的周公旦

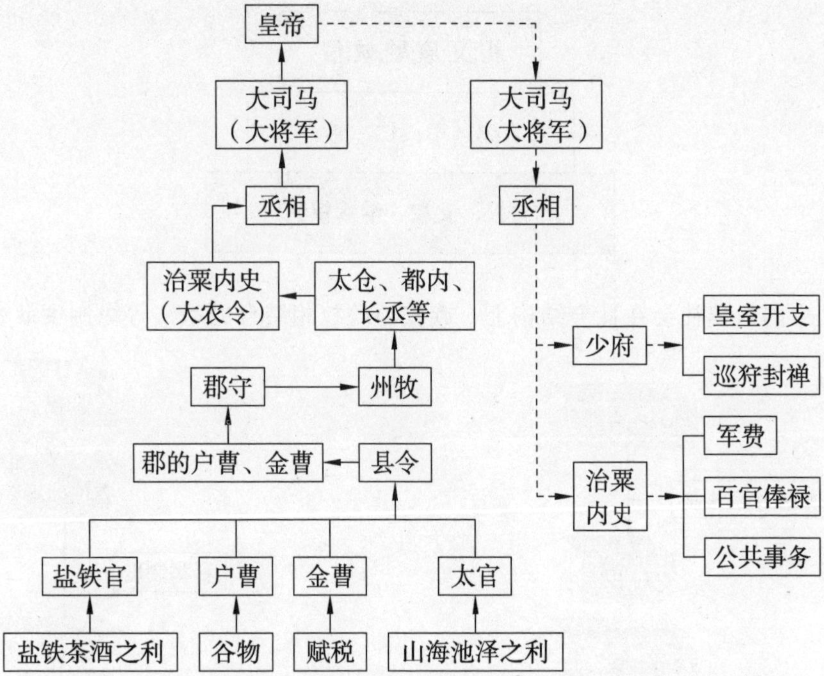

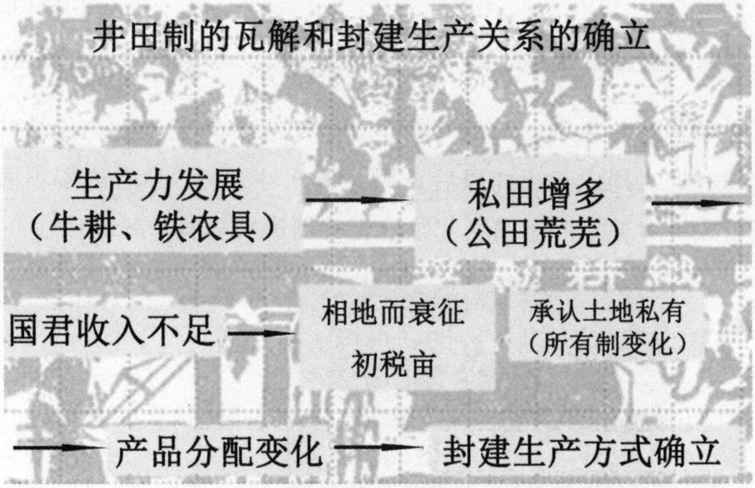

在中国，自从商鞅变法起就实行土地私有制，地主对辖内土地支配权最大化、绝对化，可以任意买卖。

中国的封建社会，起源于战国时期，秦朝建立后正式形成相应的封建制度。此后历朝历代相继沿袭。

秦始皇像

汉武帝像

唐太宗像

从秦始皇到中国的最后一个封建皇帝，历时两千多年。

朝代	起止时间	创建人
秦	前 221 年—前 206 年	始皇嬴政
西楚	前 206 年—前 202 年	霸王项羽
西汉	前 202 年—公元 8 年 11 月	高祖刘邦
南越	前 203 年—前 111 年	武王赵佗
新	公元 8 年 12 月—公元 23 年	太祖王莽
东汉	25 年—220 年	世祖刘秀
魏	220 年—265 年	世祖曹丕
蜀	221 年—263 年	昭烈帝刘备

续表

朝代	起止时间	创建人
吴	222年—280年	太祖孙权
西晋	266年—316年	世祖司马炎
东晋	317年—420年	中宗司马睿
汉赵	304年—329年	高祖刘渊
成汉	304年—349年	太宗李雄
前凉	314年—376年	高祖张寔
代	315年—376年	穆帝拓跋猗卢
后赵	319年—351年	高祖石勒
前燕	337年—370年	太祖慕容皝
前秦	350年—394年	世祖苻坚
冉魏	350年—352年	武悼天王冉闵
后秦	384年—417年	太祖姚苌
后燕	384年—407年	世祖慕容垂
西燕	384年—394年	慕容泓
西秦	385年—431年	烈祖乞伏国仁
后凉	386年—403年	太祖吕光
南凉	397年—414年	烈祖秃发乌孤
南燕	398年—410年	世宗慕容德
西凉	400年—421年	太祖李暠
北凉	397年—439年	文王段业
后蜀	405年—413年	蜀王谯纵
胡夏	407年—431年	世祖赫连勃勃
北燕	407年—436年	惠懿帝高云
南宋	420年—479年	高祖刘裕
南齐	479年—502年	太祖萧道成
南梁	502年—557年	高祖萧衍

续表

朝代	起止时间	创建人
南陈	557年—589年	高祖陈霸先
后梁	555年—587年	中宗萧詧
北魏	386年—534年	太祖拓跋珪
东魏	534年—550年	孝静帝元善见
西魏	535年—557年	文帝元宝炬
北齐	550年—577年	显祖高洋
北周	557年—581年	孝闵帝宇文觉
隋	581年—618年	高祖杨坚
唐	618年—690年，705年—907年	高祖李渊
武周	690年—705年	女帝武则天
渤海	698年—926年	高王大祚荣
南诏	738年—902年	皮罗阁
后梁	907年—923年	太祖朱温
后唐	923年—936年	庄宗李存勗
后晋	936年—946年	高祖石敬瑭
后汉	947年—950年	高祖刘知远
后周	951年—960年	太祖郭威
南吴	902年—937年	太祖杨行密
南唐	937年—975年	烈祖李昪
吴越	907年—978年	武肃王钱
南楚	907年—951年	武穆王马殷
闽	909年—945年	太祖王审知
南汉	917年—971年	高祖刘龑
前蜀	903年—925年	高祖王建
后蜀	934年—965年	高祖孟知祥
南平（荆南）	924年—963年	武信王高季兴
北汉	951年—979年	世祖刘旻

续表

朝代	起止时间	创建人
北宋	960年—1127年	太祖赵匡胤
南宋	1127年—1279年	高宗赵构
契丹（辽）	916年—1125年	太祖耶律阿保机
大长和	902年—928年	郑买嗣
大天兴	928年—929年	赵善政
大义宁	929年—937年	杨干贞
大理	937年—1094年，1096年—1253年	太祖段思平
大中	1094年—1096年	高升泰
西夏	1038年—1227年	景宗李元昊
西辽	1124年—1218年	德宗耶律大石
北辽	1122年—1123年	宣宗耶律淳
金	1115年—1234年	太祖完颜阿骨打
元	1271年—1368年	太祖孛儿只斤·忽必烈
明	1368年—1644年	太祖朱元璋
清	1644年—1911年	太宗爱新觉罗·皇太极

在中国封建社会时期，地主占有土地，赶走原来的土地所有者（即农民），然后把土地租佃给这些无地农民，由农民自行开发与耕种，缴纳地租。地主阶级土地占有最大化，生产劳动必要性最小化，特权利益最大化；农民阶级土地占有最小化，生产劳动必要性最大化，劳动自决权最大化，特权利益最小化。

从 1840 年鸦片战争开始，中国逐渐沦为半殖民地半封建制度。资本主义在中国存在的合理性开始了最大化，封建主义在中国存在的合理性开始了最小化。

林则徐虎门销烟

1839 年 6 月 3 日–25 日，林则徐在虎门海滩当众销毁 2 376 254 斤鸦片，在世界禁毒史上写下了光辉的篇章

1842 年 8 月 9 日，清政府在英国军舰上被迫签订了《南京条约》

第二次鸦片战争中，英法联军攻击天津大沽炮台

圆明园遗址

新民主主义革命胜利后，中华人民共和国成立，在土地改革的浪潮中，中国封建土地占有制结束。中国劳动人民的权利与权力，实现了最大化。

封建社会在西方，特指西欧的中世纪。

在西方封建社会时期，封建领主不仅占有农田，还把原来生息在这片领地上的农民也囊括入自己的账簿，使大批农民沦为农奴，农奴被视为领主财产的一部分，与奴隶类似，但农奴只可使用不可买卖。在这里，封建领主的土地与劳动者的占有最大化，其经济、政治、文化权利也最大化，而劳动者的经济、政治、文化权利最小化。

西方封建主拥有很大权利，可以制约国王。每一个大的封建主在自己辖内都拥有军队，俨然一个“国中国”，封建领主国家相似度最大化。

当王权集中后，在经济上则有利于资本主义萌芽，开始了资本主义发展的最大化，导致了封建主义存在合理性的最小化。

当黄河长江两岸人们犁间耕作、手摇纺车之时，英格兰西北部蒸汽机已震耳欲聋

农民起义，可以在根本上动摇封建统治，改变封建土地所有制。

大泽乡起义

大泽烈火

黄巾起義

黄巢起义

闖
李自成起义

【太平天国故事选】
金田起义

新型連環圖畫
義和團
運動

义和团

农民起义，是为了消灭地主阶级权利、权力的最大化，实现农民阶级权利、权力的最大化，改变农民阶级权利、权力最小化的悲惨状况。

资产阶级革命，从在根本上动摇封建统治，推动封建土地所有制最小化。

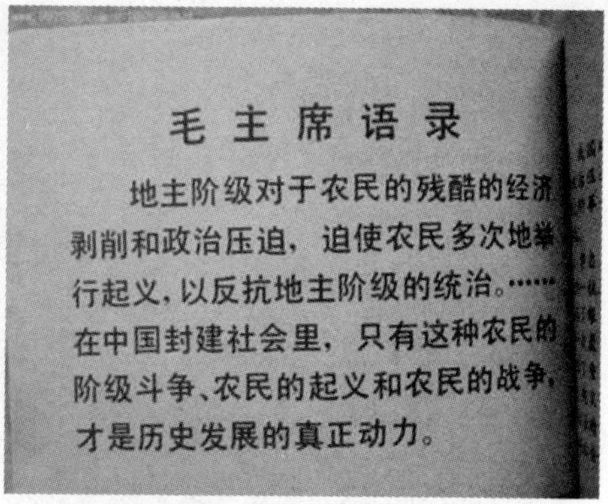

毛主席语录

地主阶级对于农民的残酷的经济剥削和政治压迫，迫使农民多次地举行起义，以反抗地主阶级的统治。……在中国封建社会里，只有这种农民的阶级斗争、农民的起义和农民的战争，才是历史发展的真正动力。

欧洲资产阶级革命

- 英国资产阶级革命
  - 背景
    - 新航路开辟以后，欧洲的主要商道和贸易中心从地中海区域转移到了大西洋沿岸
    - 英国的手工工场得到很大发展，还出现了资本主义方式经营的牧场和农场，新兴资产阶级成长起来
  - 领导阶级：资产阶级和新贵族
  - 原因：17 世纪时，英国国王竭力推行封建专制，资产阶级和新贵族的权利受到侵害
  - 经过
    - 导火线：苏格兰人民起义
    - 1640 年，新议会要求限制国王的权利，查理一世挑起内战
    - 克伦威尔率领议会军打败国王军队
    - 1649 年，查理一世被推上断头台，英国成立了共和国
    - 共和国时期，克伦威尔担任“护国主”，实行有利于资产阶级和新贵族的政策
    - 克伦威尔去世后，查理二世复辟，进行了疯狂的反攻倒算
    - 1688 年，资产阶级和新贵族发动宫廷政变，推翻了专制统治
  - 结果：1689 年，英国议会通过了《权利法案》，君主立宪制的资产阶级统治开始确立起来
  - 意义：英国资产阶级通过革命推翻了封建君主专制，确立了自己的统治地位，为发展资本主义扫清了道路，推动了世界历史进程

十四、以最大化、最小化的视野看资本主义社会

在封建社会末期，自然经济开始了最小化，商品经济开始了最大化，促进了封建社会自然经济的解体，引起小商品生产者的两极分化的最大化。

资本的原始积累，就是资本的最大化。

资本主义生产方式产生的基本条件是：失去生产资料而不得不出卖自己劳动力的无产者数量最大化；巨额的货币和生产资料最大化地转化为资本。

1485—1607 年英国中部 10 个郡圈地规模 英亩

郡　名	总土地面积	耕地面积	盖伊统计圈地面积	盖伊统计圈地比例/%	修订后的圈地面积	圈地占耕地比例/%
北安普敦	636 000	382 000	41 416	6.15	166 000	43.4
贝德福德	301 000	181 000	14 141	4.69	57 000	31.3
白金汉	477 000	286 000	16 998	3.56	68 000	23.8
沃里克	576 000	346 000	15 067	2.61	60 000	17.4
莱切斯特	530 000	318 000	18 070	3.41	40 000	12.6
林　肯	1 691 000	800 000	20 286	1.20	81 000	10.1
亨廷顿	233 000	140 000	15 354	6.58	61 000	43.9
牛　津	478 000	287 000	23 662	4.49	95 000	33.0
伯　克	459 000	275 000	12 784	2.78	51 000	18.6
诺丁汉	531 000	319 000	8 940	1.66	36 000	11.2
总　计	5 192 000	3 334 000	186 718	3.16（平均）	715 000	21.1（平均）

资本原始积累，就是强制劳动者同他们的生产资料分离程度最大化，使农民对土地的依赖程度最小化。

资本的原始积累，使农民和手工业者破产最大化，给资本主义提供的自由劳动力最大化，使商品市场最大化，自然经济最小化。

资本原始积累，还包括对殖民地的侵占和掠夺最大化，利用国家权力作为暴力手段最大化。

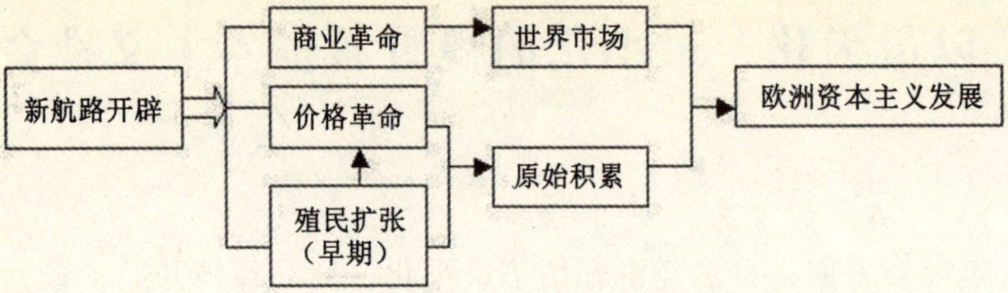

- 开辟新航路
  - 原因
    - 经济根源
      - 商品经济发展
      - 资本主义萌发
    - 社会根源
      - 欧洲人对金银的渴望
      - 《马可·波罗行纪》刺激
    - 商业危机——奥斯曼土耳其切断传统的东西方贸易通道
    - 政治因素
      - 政治者支持
      - 教会鼓励
  - 条件
    - 西欧生产力发展
    - 天文、地理知识进步
    - 造船、航海技术发达
  - 经过
    - 1487 年，葡萄牙人迪亚士沿非洲西岸航行，到达好望角
    - 1497 年，葡萄牙人达·伽马绕过好望角，到达印度
    - 1492 年，意大利人哥伦布在西班牙王室支持下达到美洲
    - 1519—1522 年，麦哲伦船队在西班牙王室支持下完成环球航行
  - 影响
    - 西班牙、葡萄牙一跃成为欧洲最富的国家
    - 推动了地理大发现
    - 以欧洲为中心的世界市场的雏形开始出现
    - 引起了“商业革命”和“价格革命”
    - 加速西欧封建制度解体，促进资本主义发展

资本主义同封建主义的地方特权、等级制度和人身依附的相矛盾是最大化的。随着资本主义的发展，资产阶级的经济、政治力量不断最大化，各国资产阶级的革命条件最大化了。

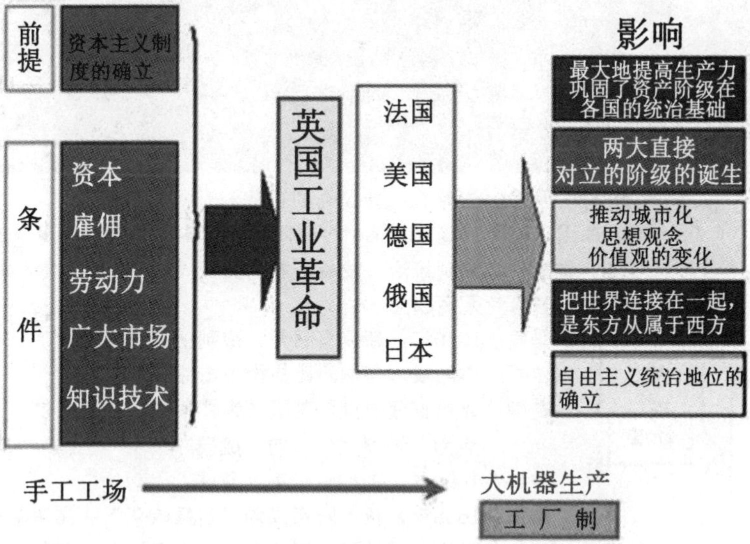

荷兰在 16 世纪末，英国在 17 世纪中叶，法国在 18 世纪末，德国及其他一些国家在 19 世纪中叶，先后爆发资产阶级革命，变革了封建制度，从而为资本主义生产方式最大化、封建的生产方式最小化，扫清了道路。

（1）革命前后的政治体制演变

斯图亚特王朝专制—英格兰共和国—斯图亚特王朝复辟—资产阶级君主立宪制

（2）经济形势的演变

资本主义经济发展—专制王朝阻碍—共和国发展工商业—复辟王朝反攻倒算—光荣革命后资本主义经济更快发展

（3）宗教形势的演变

英国国教确立—清教徒运动—迫害清教徒—清教徒成为革命领导力量—詹姆士二世企图恢复天主教—光荣革命后清教徒登上王位—确立新教徒的王位继承权

英国资产阶级革命

- 开始时间：1640年　标志：新议会的召开
- 根本原因：英国封建专制统治严重阻碍了资本主义的进一步发展
- 任务：推翻封建专制统治，发展资本主义
- 导火线：苏格兰人民起义
- 经过
  - 爆发：1640年，新议会召开，限制王权
  - 转折：克伦威尔在纳西比战役中击溃王军主力
  - 高潮：处死查理一世，英国成为共和国，克伦威尔成为“护国主”（初步成果）
  - 复辟：1660年，斯图亚特王朝复辟
  - 结束：1688年，资产阶级发动“宫廷政变”（光荣革命）
- 结果：1689年英国议会通过《权利法案》，确立君主立宪制
- 意义：（国内）推翻了封建君主专制制度，确立了资产阶级议会制度，为英国资本主义发展开辟道路
  （国际）是人类历史上资本主义制度对封建制度的一次重大胜利，揭开资产阶级革命的序幕，推动了世界历史的发展

资本主义经济是工业革命最大化的结果，包括工场手工业最小化和机器大工业最大化的两个同时的过程。

革命前夕法国阶级关系

- 特权阶级 —— 革命对象
  - 第一等级：教士
  - 第二等级：国王、贵族
- 第三等级 —— 革命动力
  - 资产阶级 —— 革命领导阶级
    - 大资产阶级
    - 工商业资产阶级
    - 中小资产阶级
  - 农民、工人、城市贫民 —— 革命主力军

15 世纪末的地理大发现，导致了随之而来的殖民地的开拓的最大化、销售市场的最大化，加速了手工业的最小化、工场手工业的最小化。

- 殖民扩张与世界市场的拓展
  - “海上马车夫”
    - 背景
      - 优越的地理位置和经商传统
      - 新航路开辟的影响
      - 荷兰摆脱西班牙殖民统治赢得独立
    - 过程
      - 成立垄断性贸易公司，参与殖民竞争
      - 荷兰成为世界范围的殖民帝国
  - “日不落帝国”
    - 背景　英国开始确立海上霸权
    - 过程
      - 英国在北美、印度的殖民概况
      - 英国资本主义迅速发展
      - 英荷殖民战争
      - 英法殖民战争
      - 英国成为世界最大的殖民帝国
  - 市场的拓展
    - 世界市场体系的进一步形成
    - 殖民扩张的影响

- 殖民地人民的抗争
  - 拉丁美洲
    - 背景
      - 新航路开辟后，葡萄牙占领除巴西以外的拉丁美洲，西班牙占领巴西
      - 殖民者的残酷的殖民统治和殖民掠夺
      - 美国独立战争和法国大革命的影响
    - 时间：1816–1826年
    - 主力构成：印第安人、黑人和土生白人
    - 领导人：玻利瓦尔和圣马丁
    - 经过：玻利瓦尔和圣马丁率军南北呼应，转战委内瑞拉等地，横扫西班牙殖民者
    - 结果：西属拉美基本实现独立，葡属巴西被迫宣布独立
  - 亚洲印度
    - 背景：英国侵占印度2/3的土地；英国加紧对印度的经济剥削和政治统治，印度反英情绪高涨
    - 时间：1857–1859年
    - 领导人：章西女王和一些封建王公
    - 经过：章西女王领导起义军英勇抗击进犯章西的英国军队
    - 结果：民族起义被英军镇压
    - 意义：表现了殖民地人民不畏强暴、反抗侵略的决心和勇气，沉重打击了英国殖民者

资本主义工场手工业在工场内部实行劳动分工最大化，使劳动生产率最大化。

到 18 世纪，在英国等先进的资本主义国家里，国内市场与世界市场的迅速最大化，同工场手工业的狭隘的技术基础的矛盾开始了最大化。资本

家为了在竞争中获得的利润最大化，要求生产技术先进程度最大化。在这种情况下发生了工业革命。

工业革命使机器大工业最大化，使资本主义生产的物质技术基础最大化，使工人阶级的队伍同时最大化。

科学技术进步的最大化和生产应用的最大化，促进了生产力发展速度的最大化，使资本主义生产关系最大化到一切生产部门，同时也使无产阶级和资产阶级的对抗最大化到一切部门。

社会化生产和资本主义所有制之间的矛盾开始了最大化，个别企业生产的组织性和整个社会生产的无政府状态之间的对立开始了最大化。

简单商品生产已经包含着社会生产无政府状态最大化的萌芽，资本主义生产方式把这种无政府状态的最大化推向极端。

大工业和世界市场的最大化，使资本家之间的斗争最大化。资本家为了剩余价值的最大化，在竞争规律的支配下，最大化地应用科学技术的成果，不断改进机器，使自己企业中社会化生产的组织性最大化，其结果使整个社会生产的无政府状态最大化。

资本主义大工业扩张的最大化，使全球市场相对最小化，最大化生产使整个社会生产无政府状态最大化，冲突也必然最大化。1825 年以来，资本主义经济危机周期性地爆发，就是这种冲突最大化的突出表现。

1929—1933年资本主义经济危机的特点

· 波及范围特别广
· 持续时间特别长
· 破坏性特别大

周期性经济危机表明，大工业生产力以日益最大化的威力，要求它作为资本的那种属性最小化，要求它作为社会生产力的那种属性最大化。

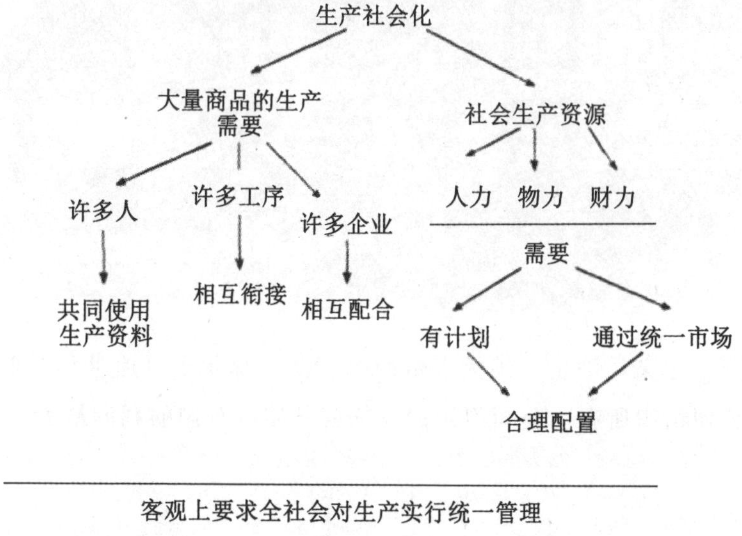

生产力的这种反抗，迫使资本家阶级在资本关系内部最小化的限度内，最大化地承认生产力的社会性质，资本集中最大化产生了股份公司、垄断组织、国家占有。19 世纪末、20 世纪初，资本主义从自由竞争阶段过渡到它的最高阶段，即垄断资本主义阶段，资本垄断实现了最大化。

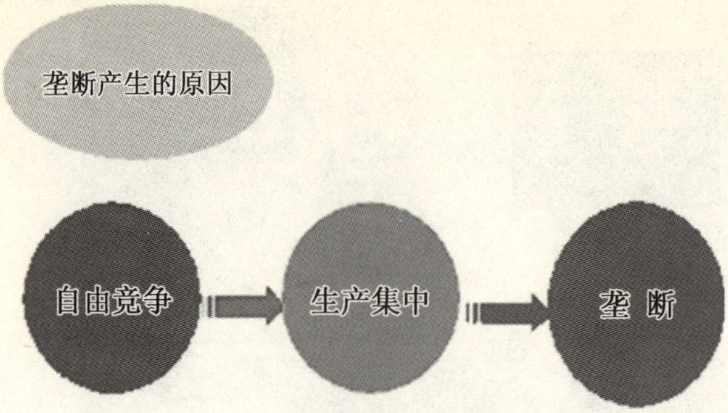

在资本主义经济里，绝大多数的生产能力都属于以追求利益最大化为目标的公司组织所有。公司组织的责任就是使股东们的利润最大化。

十五、以最大化、最小化的视野看社会主义社会

笔者认为，社会主义就是人人有饭吃，人人有衣穿，人人有房住，人人有事做，少有所学，老有所养，没有剥削，没有压迫，自由、平等、团结、互助、友爱……

社会主义社会是什么样子？不妨先来看看中国的南街村。

南街村是中国十大名村之一，它是集体主义经济的代名词，是社会主义一面旗帜。

在坚持集体主义的原则下，南街村实现了共同富裕的最大化：经济平稳发展，社会和谐最大化；人们安居乐业，生活差异度最小化，生活平稳度最大化。

中国改革开放以来，南街村遵循中国共产党“一个中心，两个基本点”的基本路线，因地制宜，大力发展集体经济，走集体共同富裕道路，私有制经济最小化，集体经济最大化，银行贷款支撑最大化，实现了物质文明和精神文明发展的最大化。

南街村坚持用毛泽东思想教育人，以雷锋精神鼓舞人，以革命歌曲激励人，建设共产主义小社区，使职工村民的集体主义精神最大化，昂扬向上的集体主义氛围最大化。

南街村获得了“全国先进基层党组织”“全国模范村民委员会”“全国文明村”“中国十大名村”“国家级生态村”“全国优秀乡镇企业”等殊荣。

南街村以毛泽东思想的集体主义为理念，建设“共产主义小社会”，这是村民差异度最小化、平均度最大化。

村民们在村的行政机构及村营企业上班，每月付给 150 元到 200 元的固定工资。工资很低，免费享受粮食、肉、油等配给，住宅、教育、医疗、办红白喜事也一概不收费。村民上大学，学费由村里负担。村民享受的福利费用平均度最大化、均匀度最大化、差异度最小化。

南街村实行的是“工资+供给”的分配制度，村民们免费享受住房、医疗、上学、中央空调、肉、蛋、面、节假日食品、购物券等多项公共福利待遇，生活上无后顾之忧，生活稳定度最大化、危机感最小化。

南街村全体村民居住在配备齐全的花园式的现代化公寓里，人人安居乐业、家家生活幸福，村民生活大同指数最大化、贫富差距最小化。

南街村街道宽阔平坦，道旁绿树成荫，路灯彩灯交相辉映，厂房住宅鳞次栉比，成立了艺术团、军乐队、盘鼓队、门球队，建起了文化园、图书馆、档案馆、医院、康寿乐园，大办教育事业，投巨资建起了现代化、高标准的幼儿园、中小学和高中，还办起了报社、广播站和电视台。这些都是公共事业，财富共有最大化、事业共有最大化。

每天早上 6 点 15 分，南街村的广播站播放颂扬毛泽东的革命歌曲《东方红》，毛泽东的雕像如守护神一样耸立在南街村的广场上，让毛泽东思想、社会主义思想、共产主义思想宣传效益最大化。

南街村 2010 年的集体婚礼，共有 20 对新郎、新娘参加。村里送给新人的纪念品是《毛泽东选集》。集体婚礼是南街村集体主义的一个象征，举行集体婚礼的目的是杜绝浪费，培养新人的集体主义观念。这是让集体主义观念在村民心中最大化。

南街村集体主义最大化的另一个做法，是搞军事训练，通过军训，向村民等灌输集体主义思想。

长期在南街村工作，并做出较大贡献的非南街村出身者，村里给予他们“名誉村民”资格，享受与本村村民一样的待遇，让劳动者大同指数最大化、差异度最小化。

南街村兴建了食品、农业生态旅游、医药、电器、钢铁五大工业园区，并聘请高级人才管理企业。南街村发展潜力大、前景好。

南街村村党委下设党委办、宣教办、党校等机构单位，村党委以“公生明，廉生威”为座右铭，着力搞好组织建设、思想建设、作风建设和廉政建设，使党员的共产主义理想信念最大化，时刻牢记“全心全意为人民服务”的宗旨，使党组织的战斗堡垒作用和共产党员的先锋模范作用最大化。

南街村集团公司工会坚持以人为本，不断使职工的主人翁意识和干事创业的热情最大化。南街村使妇女同志的主观能动性和“半边天”作用最大化。

在南街村，有宽阔平坦的街道、林立的楼群、设计别致的公园、赏心悦目的环境，清新、整洁、气派、优雅、和谐的社会主义新感觉最大化，使南街人在这里工作、生活、学习轻松愉快、幸福安然。

社会主义具体应该是什么样子，可能不好说清楚，但共同劳动最大化、共同富裕最大化、集体主义观念最大化、生活均匀度最大化、生活差异度最小化，应该是少不了的。南街村在这方面，给了我们不少启示。

从历史的必然规律来说，共产主义肯定比社会主义更好。共产主义社会应该是人人幸福感最大化、人们生活差异度最小化的社会。

我们在当前无法看见真正的共产主义社会，我们可以美好度最大化地幻想未来的共产主义社会，也可以努力度最大化地建设当前的中国特色社会主义。我们一定要让我们的中国特色社会主义和谐度最大化，差异度最小化，富裕度最大化，贫穷度最小化。

十六、最大化、最小化与极简主义生活方式

无论宇宙演化如何，无论生物进化如何，无论社会发展如何，我们只是生活在当下。在人类 21 世纪的今天，我们的生活已经走上了转变速度最大化的轨道，谁要是以最小化的变化方式生活在当今世界，是极容易脱离人类社会发展的正轨的。

21 世纪的人类生活，已经快速物欲最大化了。现在，我们缺乏的不是物质欲望，我们更多地缺乏物欲最小化的精神支柱。

说实在的，在物欲最大化的当今世界，我们急需要极简主义生活方式。

地球人口太多，人口数量最大化，人们物欲最大化，我们的生态系统的压力也就最大化，我们生态系统的崩溃速度也就会最大化，我们人类在地球上的生存安全度就会最小化。在我们的人口不能迅速减少，甚至还在增长的情况下，极简主义生活方式，是我们人类的一个明智选择。

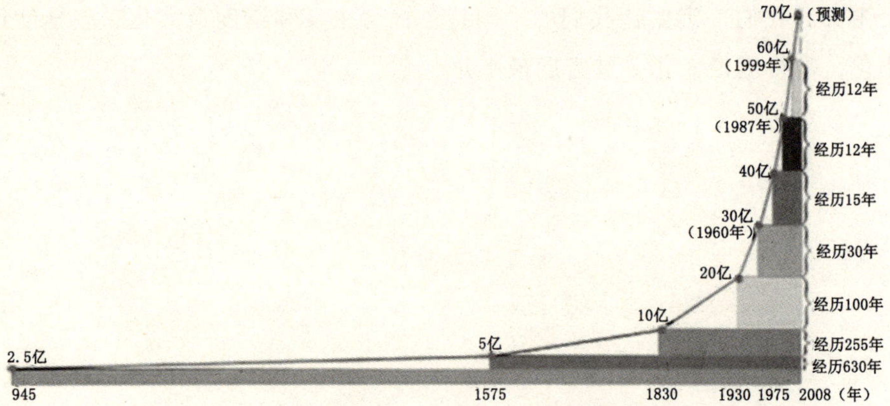

世界人口增长示意图

世界人口2011年10月底达70亿

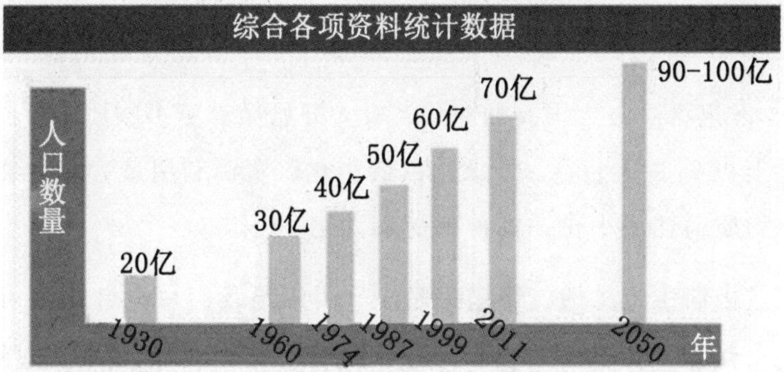

2006 年		2050 年	
国　家	人口数/百万	国　家	预计人口数/百万
中　国	1 311	印　度	1 628
印　度	1 122	中　国	1 437
美　国	299	美　国	420
印度尼西亚	225	尼日利亚	299
巴　西	187	巴基斯坦	295
巴基斯坦	166	印度尼西亚	285
孟加拉国	147	巴　西	260
俄罗斯	142	孟加拉国	231
尼日利亚	135	刚果民主共和国	183
日　本	128	埃塞俄比亚	145

面对70亿人口，我们该做什么？

——纪念世界人口日

面对 70 亿人口，其实，我们许许多多的人，是可以选择极简主义生活方式的。

极简主义生活方式的一个重要原则就是，生活消费最小化，资源利用最大化。

在21世纪物质极大丰富的时代，有人开始抛弃更多物质，重回精神的田园，过上极简主义生活，力求物欲最小化，资源利用最大化，物件利用最大化，物质消耗最小化，精神享受最大化。

如何过极简主义生活，终南山隐士，可以给我们一些启发。

终南山仍然是全世界为数不多的、还存在住山隐修者的地方，有为信仰而来的和尚、尼姑、道士、居士，也有为追寻清净、淡泊的生活而来的普通人，长期居住在终南山的隐修者约有数百人。

今天的西安城往南不到 40 千米，起伏的山峦绵延不绝，这就是终南山，主峰太白山（太乙山）海拔 3 767.2 米。从古老传说中的巢父、许由到现如今的各种隐士达数万人。

如今的终南山隐士，信仰佛教、道教的隐修者占大多数。

还有一部分生活型隐士隐居终南，是出于个人精神追求，或者个人对原有生活方式的放弃，自愿追逐安宁朴素的极简主义生活。

终南山是修行者最为集中的地方，隐士们的修行更多是独处，在山中修炼完后，隐士们最终还是要回到红尘中，经过修炼，他们更圆融通透，抵达人生更高境界，只有极少数人会一直在山中。

笔者并不提倡人人做隐士，只是我们可以从现代隐士生活获得一些启发，笔者提倡可以适当地过极简主义生活。

我们来看看都市里的极简主义生活家，从这里受受启发。

都市里有这样一些人，开始尝试回归简单的生活：减去累赘的衣物，丢掉繁复的应酬，抛弃过剩的食材，一日三餐坚持素食。他们不苦行，只倾心生活乐趣，他们就是极简主义生活家。

案例一：有一个人力资源经理，没有多余的物品，将生活用品精简到最少，追求生活用品数量最小化：白色衬衣、白色背心、黑色羊毛大衣、蓝白条衬衣、灰色西裤……是他个人物品清单，总共加起来，所有物品不超过 30 件。他是极简主义风格的爱好者，极简主义的审美观变成了他的生活信仰。

案例二：一个自由职业者瑜伽教练，一个非智能手机使用了 4 年，她做了一道社交的减法。她曾经是个每天应酬于觥筹交错间的营销经理。当她真正进入职场之后，却发现自己正慢慢深陷于职场社交的泥潭，无法自拔。她辞职了，放弃了高薪的工作，开始了一次彻彻底底的放空之旅，目的地选择了阳朔。她一个人，走过西街的每块青石板、抚摸过漓江每一丝的温柔，她关掉手机，像一个当地人那样去生活。她很羡慕那里的人们，在那里她看见了绝美的天空。

她在一位同事的介绍下，开始了瑜伽的培训，培训结束后，她成为了一名专业的瑜伽教练，这就是她一直想找的工作：自由的时间分配，简单的人际关系。瑜伽学告诉她，生活应该多做减法才对。她放下过多的欲求，放下过多的经营，放下那些不必要的情感牵绊，没有微博，不用微信，半年只接了不到 20 个电话。大多数时间，仅仅只是利用 QQ 联络，有的甚至一年只见两三次面。她手机已经用了 4 年，并不是因为经济上的拮据，只是觉得手机只要拥有基本功能就好，更新换代的强大功能对于极简主义生活家来说没什么必要。

她学会了生活的减法，过滤掉生活的杂质，让心灵在简单中摆脱世俗的牵绊，得到了真正的轻松愉悦。

案例三：有一个美女，拥有一个时尚造型工作室，喜欢打坐、吃零食、聊天、做素食，在简单中寻找臻美滋味。她说，食物蕴含的力量总会超出我们的想象。

清晨起床，她做的第一件事，就是抓一把五颜六色的豆子丢进豆浆机，在豆香的氤氲中养出一天的好心情。中午的膳食简单依旧，紫甘蓝、包心菜、胡萝卜、土豆丁再配上橄榄油和自制的调料，清清爽爽即成美味。

从早餐到午饭，没有肉食，不见荤腥。

一日三餐
早、中餐七八分饱，晚餐经常不吃

主要购物的品种
坚果、红枣、豆腐干、菌菇类零食

最想扔掉什么？
衣服

她选择素食主义的简单生活，源于一个不简单的理由。2010年，她父亲去世，虽是无疾而终，但她心里仍旧像被掏空了一般难受。父亲走后，她的世界瞬间崩塌了，而就在这悲痛欲绝的一瞬间，她明白了放下的意义：人走后，什么都带不走，还不如早些放下不必要的牵绊，专注于值得专注的东西。

以极简主义生活方式烹饪素食，去掉了味精，略去了热油，所有的食材都以一种最本真的鲜美之味在我们的舌苔上舞动，渐渐地你会发现，白米饭是清甜润口的，蘑菇是鲜美多汁的，西红柿是酸甜适宜的，亲切的原味打开了我们的味蕾。

素食成了她最适合的食物类型。只是简单的清粥小菜，却能让她的心平静下来。每一粒米，每一颗果，每一株菜，都是大自然的赠与，在朴素中，她品味出平淡中的意义。

食材上的简化，每天维持半饱的状态，让她乐在其中。她每天只吃早饭和午饭，晚饭一般只喝水。她说，也许大多数人都曾有过吃饱饭后发困的经历，保持半饱，这个困扰自然迎刃而解。她保持半饱，头脑相对灵活清醒，知道自己其实最爱吃什么，对下一顿美味永远活泼迫切的期待冀盼。她这种半饱的态度，也是知足常乐的智慧。她说，半饱的对立是常满，常满也就太安定太无聊太不进取，所以馋嘴为食的人恰恰是有诸多不满的。她在简单中品味臻美，在半饱中感受知足。这就是一个极简主义生活的样板。

以下是一位女士极简主义生活（减法生活）的感言：

早上，孩子去了幼儿园。我回家后，一边听着洗衣机的隆隆的工作声音。放松地坐在电脑前，今天很想写一下我的减法生活！

五年前，我离开职场，做了全职主妇。孩子现在马上四岁了。这五年，辛苦很多，快乐很多，总之有了孩子的生活很丰富。

我和老公的生活一直很朴素。为什么说朴素呢？我们没有买大房子，也没有买车子。因为觉得养车费用基本可以养个孩子了，上班外出可以坐公交车，着急可以打车。孩子上的也是普通幼儿园，费用不高。

前几天有一朋友来，振振有词说，现在还有没有车的人吗？你看看那什么村，人家都有车了。我该怎么回答呢？我的财产比她多，我不能说我没钱。也许该说我不舍得？但也不是，我在我们喜欢的旅游、饮食、看大剧院的钱方面从来舍得。我想选择沉默。

我突然想起最近看过的文章，名字叫作《不要打扰别人的幸福》。每个人的幸福标准不一样。对你而言，老公的一束玫瑰可以让你一年好心情，也许对我而言，老公默默无闻地收拾家务，会让我更爱这个男人。这就是人们幸福的标准不同。一碗男人做的家常面条让女人泪流满面，而几百元的一次高档自助也许无法满足另一个女人的幸福感。

差异就在这里。每个人的幸福标准不同，指数不同，所以同样的事情，感受不同。就和同样一个笑话，你笑了，别人觉得没什么，人的笑点不同而已。

我的减法生活，就是一种简单生活。

生活可以没有大鱼大肉，生活可以没有大房子、大车子，生活可以没有那么多的大牌。没有那些你会幸福吗？我闭上眼睛，问自己的内心。我的回答是，可以的。

人有奋斗的动力，当然是好的。但是奋斗得来的东西，你珍惜了吗？

早年看一个名人的故事。当他发达后，他做了件高档内裤，因为太有钱了。内裤几千还是几万忘记了。结果穿着非常别扭。他膨胀得不可一世，不再快乐。但是经过一段时间，他找回了自己，他终于明白，其实生活的本来样子就是简单，白菜也可以吃出幸福感。

《人民日报》推行的极简主义生活方式，我相信很多朋友看过了，我很喜欢，也一直实行。

我们有了孩子，孩子在模仿我们的样子生活。

我偶尔会想起我的小时候，那时候厂长、书记、员工都是一样的，没有现在的贫富差距。妈妈总是用几块方面便做一家的晚餐，那鲜美的味道和幸福的感觉，我一直没有忘记。

而现在很多朋友对于孩子全部满足，超前满足，除了让孩子有短暂的满足，还给他带来了什么呢？

圣诞期间，我带孩子迎雪爬南山。在山顶，孩子得到了他期待很久的魔法棒。孩子当时的快乐和满足我看到了，记住在脑海。孩子也会一辈子记住。

孩子需要的真的不是昂贵的玩具。

那我们家长呢，真的需要昂贵的貂皮、昂贵的首饰吗？

我的减法生活，让我自己明白：人活着是让自己快乐。

快乐更多的来源于精神满足，仅仅一小部分来源于物质。

年末和老公聊天，老公说，谢谢你，从来不给我那么多压力，不像别的老婆那样要这要那。我开心地说，你快乐，我也快乐！

所以和论坛忙碌的你们，一起分享我的减法生活。只选必须，简单生活，没有负担！

这样的生活感言，告诉我们：生活的物质要求最小化，也可以造就生活的精神快乐最大化。

我们完全可以用最大化与最小化的视野，来看待生活，来选择极简主义生活方式。

结束语

最大化与最小化，实际上是相伴而行的，无论是对于宇宙的存在，还是对于宇宙的演化，都是时时处处可见可考察的；无论是对于生物的存在，还是生物的进化，都是时时处处可见可考察的；无论是对于人类社会的存在，还是对于人类社会的发展，也都是时时处处可见可考察的。我们完全可以把最大化与最小化当作我们考察宇宙、考察生物、考察社会、考察人生的一个哲学视野，最大化与最小化完全可以成为我们的世界观、我们的方法论。在物质生活日益丰富的 21 世纪，我们有必要用最大化与最小化的哲学视野来考察生活、指导生活，多做生活的减法，在让生活的物质需求最小化的同时，实现生活的精神快乐最大化。如果有人在读了本书之后，能以极简主义生活方式指导、要求自己的生活，在物质消耗最小化的同时，又带来生活快乐的最大化，如果本书有助于地球物质消耗、生态负担最小化，可持续发展最大化，那么笔者也就万分欣慰了。